六星占術による土星人の運命

はじめに

皆様、いかがお過ごしでしょうか。母・細木数子《ほそきかずこ》が作った『六星占術』も43年目を迎え、今年も無事に『六星占術によるあなたの運命』を出版することができました。

木星人（＋）の私は、3年間続いた〝大殺界〟がようやく終わりを告げ、2024年は気持ちも新たに再スタートを切るのに相応しいタイミングです。この3年間は本当にいろいろなことがありました。

まず、〝大殺界〟の1年目に母・細木数子が亡くなり、そして〝大殺界〟2年目には我が子のように可愛がってきた愛犬が亡くなる、という悲しい経験をし、改めて〝大殺界〟の辛さを知ったように思います。

こう書くと余計に「〝大殺界〟は恐ろしい」と思う方もいらっしゃると思いますが、他方で〝大殺界〟は人生にとってとても重要な意味があります。

〝大殺界〟は自身を省みて改善点を見つけ、修正し、次に来る好運気に向けて準備をする期間です。つまり、しっかりと休息を取り、心身を労《いたわ》り、無駄なものをそぎ落とし、人生のデトックスをするべき時期なのです。

〃大殺界〃の3年間を長いと感じる方も多いのですが、
・なりたい自分を実現するために「自分を変える」
・やりたいことを叶えるために「準備をする」
と考えれば、3年間ではむしろ足りないぐらいかもしれません。

そして、〃大殺界〃でどんなに辛いことがあろうとも、立ち止まってはいけません。辛い経験から大切なことを学び、前向きな心を育てることが何よりも重要なのです。

私の場合は、すでに母から『六星占術』を継承していましたが、心のどこかでは母を頼りにしていました。その母が亡くなり、悲しい時間を過ごしましたが、その経験をしたことで自分を鼓舞することができました。そして、母が作ったこの『六星占術』をより多くの人に広める強い決意を改めて持つことができたと思っています。

母は生前、社会問題を気にかけ、惜しみなく寄付をする人でした。そんな母の志を汲んで、一昨年からこの書籍の売り上げの一部を、親子をとりまく社会課題の解決に取り組んでいる認定NPO法人フローレンスへ寄付させていただいておりますが、今年も継続して寄付させていただこうと思っています。

2024年も皆様がこの『六星占術』をうまく活用しご自身の運気の流れを掴み、より良い人生を築いていかれることを、心から願っています。

細木かおり

第1章

幸運を招く『六星占術』とは？

細木かおりから
2024年の土星人へメッセージ

土星人（＋）のあなたの運気は

【達成《たっせい》】

12年に一度の大好運気の到来です！
やりたいことはすべて挑戦してください。
今年あなたが手にした成果が、今後の人生
においての自信に繋がるでしょう。

土星人（－）のあなたの運気は

【健弱《けんじゃく》】

夢中になると健康に無頓着になるあなた。
今年は体調面で無理がききません。
体調の小さな変化も見逃さず、
焦らずスローペースで前進しましょう。

土星人の特徴

チェックリスト

- ☑ 正義感が強く**曲がったことが嫌い**
- ☑ **向上心とプライドが高く**、理想を追いかける努力家
- ☑ 真面目で堅実な**常識人**
- ☑ **自分の気持ちを伝えるのが苦手**でツンデレになりがち
- ☑ 秀でた才能があり、**自力で道を切り拓いていく**
- ☑ **一匹狼タイプ**。ひとりで黙々とやる仕事に向いている
- ☑ 新しいものを作り上げる**クリエイティブ力が抜群**
- ☑ **言葉の表現力**に卓越している
- ☑ とにかく**勘が鋭く**、一発勝負に強い
- ☑ **近寄りがたい雰囲気**を発している
- ☑ **意外とピュア**でだまされやすい
- ☑ **美意識が高く**、高価なものが好き
- ☑ **恋愛で重要なのは「心」**。尊敬できる人がタイプ
- ☑ 不倫、略奪愛、二股など、**危ない恋愛には興味なし**
- ☑ ビジネスも家庭も、**パートナーに求める理想が高い**

『六星占術』とは何か？

『六星占術』を一言で説明すると、「人が幸せな人生を歩むために必要な羅針盤《らしんばん》」です

「こうしなければならない」「〇〇しないと幸せにはなれない」という指図ではなく、幸せや成功に向けてどんなルートをどのように進めばいいのか、という指針をわかりやすく示してくれるのが『六星占術』です。

『六星占術』では、6つある運命星のうち、自分がどれに属するかを、生年月日によって割り出します。運命星によって、それぞれ持って生まれた性格・資質は違います。運命のリズムもさまざまです。

人生には良い時期と悪い時期、その両方が必ず誰にでも平等にめぐってきます。しかし、その時期をあらかじめ知ることができ、自分の人生がこの先どのような流れをたどっていくかがわかれば、安心して人生を送ることができるでしょう。

自分の運命のリズムに、自分の性格を、またときには周りの人の性格も重ね合わせながら行動していけば、恋愛・結婚はもちろん、就職・転職、事業・商売の起ち上げ、マイホームの購入、子供の進学など、人生の重要な課題に的確なタイミングと方法で対応できるようになるのです。

◆『六星占術』のルーツは古代中国の統計学

『六星占術』の起源は、いまから4000年以上も前の古代中国にさかのぼります。その時代、中国では自分の領土を拡大し、より多くの人を支配しようとする王達による戦争が繰り返されていました。そんな中、ある王は、自分の部下達が日々の戦いによりむやみに無駄な血を流して亡くなっていくことに心を痛めていました。そこでこんなことを考えついたのです。

自然界は一定のリズムを刻み繰り返している。植物は春になると芽を出し、夏には花を咲かせる。秋には葉が色を変え栄養を蓄え、冬は休む。ともに自然界に生きている人間も同じサイクルで生きているのではないか？　精力的に活動できるときもあれば、ゆっくり休んで体力や気力を回復させた方がいいときもある。そのリズムを解明し、敵のパワーが落ちるタイミングで攻めることができれば効率良く領土を広げられるのではないか。

王はさっそく聡明な家臣に命じ、その「一定のリズム」がどのようなものなのかを解析させました。すると、男女、年齢、地位、職業などさまざまな要素に関係なく、誰もが、自然界―宇宙が刻む時間のリズムに従って生きていることがわかってきたのです。

そのサイクルをもとに統計を取ってみると、どんな人にも、エネルギーが上昇する時期と下降する時期があること、しかもそこには一定の周期があることも見えてきました。それが「運命のリズム」です。

そこで、王はそれをもとに戦略を練ります。敵のパワーが弱くなっているときに攻撃を仕掛けると、拍子抜けするほど簡単に勝つことができました。逆に、自分達のパワーが下降しはじめると、戦況がどんなに優勢であっても兵を引き揚げ、気力、体力ともにエネルギーを蓄えさせました。その法則を使い効率良く領土拡大に成功したのです。

中国では、この統計学に基づいた秘策が権力者である王によって伝えられ続けてきました。そのデータをベースに細木数子が編み出したのが『六星占術』なのです。

◆なぜ『六星占術』は当たるのか？

40年以上もの長い時間、『六星占術』はたくさんの方々の人生に寄り添い、幸せへの道を示してきました。その結果、読者はいまや3世代にわたっています。細木数子が『六星占術』を世に広めた頃の読者さんのお子さんが結婚され、さらにそのお子さんがこの本を手に取ってくれています。そんなご一家が毎年のように増え続けているのです。

先にも述べましたが、なぜこの書籍がこれほど長く愛され続けているのかといえば、それは『六星占術』がひとりひとりの運命を実に正確に言い当ててきているからです。

『六星占術』のルーツは、4000年前の中国から伝わり、それ以来、長い時間をかけて育まれてきた統計学です。その的中率には確かな根拠と絶対的な自信を持っています。

人間のエネルギーが上昇したり下降したりする「運命のリズム」を的確に割り出すことができ、幸せへの道筋をまっすぐに歩んでいくことができるのです。逆に、それを知らずにいると、無用な苦労を味わうことになります。

人は悩みを解決するのに多くの時間を費やしてしまいます。でも、『六星占術』を活用することで、恋愛、仕事、勉強、人とのコミュニケーション、家事や子育てなどがスムーズに運び、どんな人でも生活のベースを一定のレベルに保つことができるのです。

◆『六星占術』は最適なコミュニケーションツール

いまは老若男女がスマホやパソコンを使いこなす時代です。情報や欲しいものが簡単に手に入り、直接人と関わらなくても支障をきたさず生活を送れるようになりました。

便利になった反面、人とのコミュニケーションが希薄になりつつあります。

若い世代ほど、自分の意見を伝えたり、ケンカをして仲直りをしたり、人を愛したりするなど人との接し方がうまくできない人が増えているのです。最近のテレビや新聞を賑わすニュースも、人とのコミュニケーションの方法を知らないために起こることが多いのではないでしょうか。

「人」は「人」と関わってこそ、心から豊かな生活が送れるのです。『六星占術』を使って、円滑なコミュニケーション作りに役立ててください。詳しい活用方法は次の項からご説明いたしましょう。

◆まずは自分を知ること

人間関係のトラブルは、ほとんどが思い込みや勘違いからはじまります。いまも昔も「人」は「人」で悩んでいるのです。100人いれば100通りの考えがあって当たり前。だからこそ、自分が思っていることと、相手の考えていることが違うのは当然のことです。「なんでわかってくれないのか」「どうしてそう考えるのか」……相手の思考が理解できず、腹を立てたり悩んだりしても、感情や時間の無駄遣いでしかありません。

人間関係のトラブルは、本当の自分をわかっていないことからはじまります。自分は何を大切にしているのか？　何をされると嫌な気持ちになるのか？　考えてみてください。自分を知って、自分を愛せてこそ、人は他人から信頼され愛されるのです。

『六星占術』は、人がどのような思考を持っているのかを6つの運命星を通して知り、考えてみることの手助けをします。まずは〝自分〟を知ることからはじめてください。そうすることで、相手の気持ちも理解できるようになるものです。

◆占いの結果より、大切なのは「心」

「衣食足りて礼節を知る」という言葉からわかるように、人間の生活のベースは「衣・食・住」です。衣食住＝土台が安定していれば、「礼節（礼儀と節度）」を踏まえながら、人間らしく生きていけるようになります。

「礼節」と言うと難しく思えるかもしれませんが、要は私達の「心」のことだと、細木数子は教えてくれています。また、**「占いの結果より大切なのは『心』だということを忘れてはいけない」**とも。

私達の行動はすべて「心」からはじまります。悩み苦しむのも「心」なら、それに対処するのも「心」です。「心」が丸くて健康に保たれていれば、悩みの受け止め方も違ってくるでしょう。**『六星占術』は幸せへの道しるべであると同時に、私達の「心」の**

あり方を改めるきっかけにもなるのです。

◆時間とともに生きる人間の運命と『六星占術』の関係

時間とともに生きている人間にとって、その時間との関わり方こそが過去・現在・未来の運命を知るヒントになるはずです。

先にも触れましたが、『六星占術』のルーツは古代中国にさかのぼります。以前からあった天体の動きについての研究である「暦学《れきがく》」や「天文学」などから発展した「万象《ばんしょう》学《がく》」「算命学《さんめいがく》」がそれです。「万象学」や「算命学」は、天体の動きと、その一つである地球で暮らす私達人間との関わりを明確にするために生まれたものです。これらの研究により、自然界—宇宙が刻んでいるリズム＝時間と、この地球に生きているすべての生物の活動レベルは、目に見えないところで密接に通じていると考えられるようになりました。

もちろん、人間にもそのリズムが反映されています。

４０００年前の中国では、自然界—宇宙が「空間」と「時間」から成り立っていると考えられていました。つまり、**人間は地球という空間で、時間を生きている、正確には〝生かされている〟**ということになります。

『六星占術』は、時間とともに変化していく私達ひとりひとりの人生を「運命」として捉え、その仕組みとあり方を明白にしたものです。時代がどんなに進化したとしても、その流れは絶対に変えることができません。

人間が〝時間を生かされている〟とすれば、どのような周期で運気がめぐってくるか、その法則を学べば、ひとりひとりの「運命のリズム」も手に取るようにわかるはずです。

それだけではありません。「運命のリズム」は、ときには粛々と、ときには荒々しく流れていきます。それと同じく、私達人間も一定のリズムに従って生きているというのが、『六星占術』が教えてくれるいちばん大切な本質なのです。

◆『六星占術』の上手な活用方法

『六星占術』には大きく分けて5つの上手な活用方法があります。

1・本当の自分の可能性を知ることができる

まず、基本性質を知ることで、いままで気が付かなかった自分の素質、適性など潜在能力を知ることができます。それによって、自分にはどんな生き方がふさわしいのか、どうしたら幸せな人生を歩んでいけるのかに気付くことができるのです。

2・人間関係がスムーズになる

自分について知ることで、周りの人達の考えや思いにも気付くことができます。そして、自分の考えを人に理解してもらえるようになるのです。〝自分〟と〝相手〟を知ることで、人とのコミュニケーション能力を格段に上げることができ、人間関係でのストレスを軽減することができるのです。

3・人との相性を分析

恋愛、結婚、仕事など、人と大きく関わるタイミングでは、人との相性が大切になってきます。人との相性の傾向を知ることができれば、的確に対策を練り、うまく立ち回ることができるのです。人生のパートナー選びや、職場、家庭での人間関係であなたの強い味方になってくれます。

4・自分の運勢を把握

この本には年、月、日の運勢が記載されています。例えば、「大切な商談をするには、A日より、B日の方が運気が良い」「家の購入は〝大殺界《だいさっかい》〟の時期は避けよう」など、重要な判断や大切なことに関して、自分にとって良い日程を割り出し行動することができるのです。いつ自分のエネルギーが増し、いつパワーが落ちるのか。その運勢がわかるからこそ、効率的に良い結果を招く確率が上がります。

5・子供の性格を知り、個性を伸ばす育て方ができる

自分の子供といえど、その個性はさまざま。それぞれの性格や潜在能力を知ることで、個性や良い部分を伸ばす育て方ができます。

これらはほんの一例です。生活のありようが変わっていくにつれ、男女それぞれが抱える問題や悩みも、多様化、複雑化することでしょう。そうした時代や社会の変化に合わせ、柔軟に、また賢明に生きていくためにも皆様の毎日にどうぞお役立てください。2024（令和6）年が皆様にとって、幸せな人生を築くための第一歩になることを願っています。

〝大殺界〟とは？

◆12の数字と『六星占術』で見る人間のリズム

『六星占術』のルーツである「万象学」「算命学」によると、自然界—宇宙は12年という周期で活動していると結論づけられています。一方、人間は一日を午前と午後に「12」という数字を基準に区切っています。また、一年は12ヵ月、干支《えと》を指す十二支も、もとはと言えば時間を指すものでした。

宇宙とともに生きている人間のリズムも、やはり12年を一つのサイクルとしてめぐっているのです。〝栄枯盛衰《えいこせいすい》〟という言葉もあるように、この世のすべてのものは栄えたり衰えたりを繰り返しています。物事が盛んな興隆時期は永遠に続くのではなく、その逆もしかり、没落している時期もずっとは続かないのです。

そうしたエネルギーの変化を時間の流れと重ね合わせて考えれば、「運命のエネルギー」も時々刻々《じじこっこく》変化し続けていると考えて不思議はありません。その変化をわかりやすく、12日間、12ヵ月間、12年間と区切りながら教えてくれるのが『六星占術』です。

◆〝大殺界〟は人生の冬の時期

人生を四季に例えるなら、〝大殺界〟は冬に当たります。冬は、ほとんどの生物が活動をストップします。逆に言うなら、この季節は頭を冷やしましょう、体を休ませましょう、体力や気力を蓄えましょうという、自然界―宇宙からのメッセージでもあるのです。

では、その人生の冬の時期にはどのようなことが起こるのでしょうか。

・勢いに乗っていた仕事にトラブルが起こり、停滞してしまう。
・結婚寸前まで話が進んでいた相手と別れる。
・親友との関係が急にぎくしゃくしはじめる。
・合格確実と言われていた受験に失敗する。

この時期に起こることを具体的に挙げてみると、数え切れないでしょう。そうした時期のことを、『六星占術』では〝大殺界〟と呼んでいます。

その漢字からも想像できるように、**〝大殺界〟のときは誰しも平等に「運命のエネルギー」が大きくダウンし、自分が自分でなくなってしまいます。**そのため、何をやってもうまくいかなくなります。だからこそ、〝大殺界〟は注意が必要な時期と言われるのです。『六星占術』の運気で言うと【陰影《いんえい》】【停止《ていし》】【減退《げんたい》】がそれに当たります。

ただ、よく考えてみると、この時期にそのようなことが起こるのは、不思議でもなんでもありません。どんな丈夫な人であっても、毎日ハイペースで働き続けることはできません。また、どんなにうまくいっていることであっても、よほどの幸運に恵まれない限り、最後までそのままの状態を保つというのは、まずありえないでしょう。

人間はワガママですから、常に運気のリズムが絶頂であってほしいという気持ちを抱いてしまいます。その結果、現実の前に冷静さを失い、焦って無理をしてしまうのです。

そうして考えてみると、〝大殺界〟というのは、ともするとワガママで自分本位、また周りの状況を考えに入れようとしない人間の生き方に対する警告と捉えることもできます。

◆人間は宇宙や自然とともに生きていくもの

人間は自分達が思っているほど偉大ではありません。所詮《しょせん》は宇宙と、そして自然とともに生きていくしかないのです。しかし、私達はついそのことを忘れてしまいがちです。

大切なのは、私達は「生かされている」ということを知ることです。自分達の力だけで生きていると過信してしまいがちですが、これほどに傲慢《ごうまん》なことはありません。

人間はついついその根本的なことを忘れてしまう生き物です。近年の環境問題もそういう人間のエゴが悪い形で現れた一例ではないでしょうか。

自然界に生息する生物と人間には決定的な違いがあります。それは人間には「心」があるということです。それが故にワガママで、自然界―宇宙から離れ、自分勝手なリズムを刻もうとします。その結果、さまざまな悩みやトラブルに襲われることになるのです。

考えもなしに目の前の現実だけを追っていると、「運命のエネルギー」が減少したとき、焦るばかりで、その結果、とんでもない事態を招きかねません。しかし、**『六星占術』を学んでいれば、〝大殺界〟の時期をあらかじめ把握し、人生の計画を事前に立てることができるのです。**

人間は自分の考えや意思だけで生きているように思いがちですが、所詮《しょせん》は自然界―宇宙の中で生かされている存在です。その大原則を忘れてしまい、自分の力だけで生きていると思ってしまうところに、幸せになれない原因があると言っていいでしょう。

〃大殺界〃を乗り切るための方法

〃大殺界〃を無事に、あるいは最小限のダメージで乗り切るにはどのようにすればいいのでしょうか。そのための5つの方法をお伝えしたいと思います。

1・まずは自分の〃大殺界〃の時期を知ること

〃大殺界〃は四季で例えるところの、人生の冬の時期です。自分にとって、その冬がいつなのか。まずは「運命のリズム」を正確に把握することからはじめてみましょう。幸せで豊かな人生を歩むためには、人生の計画を立てることが必要不可欠です。〃大殺界〃の時期は、確実に運命のエネルギーが減少します。自分にとって大事なことに最大限のパワーで挑めるタイミングを知ることこそが、成功への近道なのです。

2・人生を左右する決断は絶対にしない

〃大殺界〃のときは、自分の意思で何かをはじめない・しないということが重要です。結婚、就職、転職、引っ越し、転校、独立・起業、会社の設立、お店を開く、家の新築・

リフォーム、マンションの購入、改名……など、人生を左右するような決断は絶対に避けてください。

先にお話ししたように、〃大殺界〃は人生の冬。本来は休み、備え、蓄えるべきときです。エネルギーが大幅に減り洞察力・思考力・判断力など、生きていくのに必要なパワーもダウンしてしまっています。その時期にあえて新しいことをスタートさせても、本来の力が出せない可能性の方が高いのです。

3・無理をせず、常に心にブレーキを！

人生では自分の意思だけで時期を選べない場合もあります。転勤や部署の異動を命じられ、それを「〃大殺界〃なのでお断りします」などと言うわけにはいきません。だからこそ〃大殺界のときに大きく動いた〃ということをよく自覚し、けっして無理をしないようにしてください。また、子供の進学に受験を伴う場合があります。例えば、入試が行われる年や月が〃大殺界〃だからといってもやめさせるわけにはいきません。子供に「受けたい」という気持ちがあれば、そうさせてあげましょう。間違っても「〃大殺界〃だからやめておきなさい」などと口にしてはいけません。ただ、〃大殺界〃のときは、その子が実力を出し切れないこともあります。そうした場合に備えておいたり、温かい言葉をかけ励ましてあげれば、子供のダメージも最小限で済むはずです。

これだけ念を押していても、人は自分を過信してしまうことがあります。〃大殺界〃のときは自分の思うようにならないため、一度つまずくと焦り悪循環に陥ってしまいます。無謀な挑戦を繰り返すのではなく、ここは心にブレーキを！　はやる気持ちを抑えて、いま一度、方法や計画を見直す時間に充《あ》ててください。

4・未来の準備をする3年間に

「〃大殺界〃なので、何もしなくてもいいんです」と、間違った捉え方をしている人をたまにお見掛けします。もう一度お伝えしますが、〃大殺界〃の時期は、体力や気力を蓄えながら人生の良いタイミングに備える期間でもあるのです。

稲作農家の仕事に例えるとわかりやすいでしょう。春に田んぼを耕し、田植えをし、夏に実った稲を、秋に収穫します。では、冬は田んぼ仕事がないからといって遊んで暮らしているのかというと、そうではありません。来年また稲を収穫するために、冬は農具の手入れや、種の準備に充《あ》てているのです。〃大殺界〃明けにめぐってくる好運気のための計画を立て、パワーを養いながら3年間を有効な準備期間に使いましょう。

5・運気の良い人に手を貸してもらう

〝大殺界〟の期間は、自分の判断や思考が間違っていることがあります。そんなときは自分の殻に閉じこもらず、思い切って良い運気の人に頼ってみましょう。良いアドバイスが聞けたり、相談に乗ってもらっているうちに心が落ち着いてくるのを実感できるはずです。

〝中殺界〟と〝小殺界〟はどう過ごすべきか？

〝大殺界〟以外にも、人生には、休んだ方がいい時期、あるいはじっと様子を見るべき時期が存在します。〝大殺界〟のときほどではないにしても、不幸やトラブルが起こりやすいのが〝中殺界〟と〝小殺界〟です。

◆精神面が乱れる〝中殺界〟

『六星占術』の運気で言うと、〝中殺界〟は【乱気《らんき》】です。精神面にダメージを受けるようなトラブルが生じやすくなります。ストレスが溜まると自分の意思とは無関係に、思ってもみないような行動に出てしまうのが〝中殺界〟の大きな特徴です。

また自分に不利な状況を作り、これまでの努力が無になる恐れも。この時期は何があっても、自分の心をコントロールすることに努め、ストレス発散を心がけてください。

◆肉体面に疲れが溜まる〝小殺界〟

〝小殺界〟は【健弱《けんじゃく》】に当たり、健康面でダメージを受けやすい状況になります。知らず知らずのうちに溜まった疲れが肉体面に顕著に現れてきます。体調が優れないときは大事を取り、早い段階で医療機関に相談しましょう。

【健弱】のときに無理をすると、肉体面、経済面、愛情面にも悪影響が及ぶことがあります。何事も慎重に日々の疲れを癒やすことが〝小殺界〟を乗り越える秘訣《ひけつ》です。

運命のリズムとは？

◆『六星占術』で説く「12」の運気

P20の〝大殺界〟のところでも少し触れましたが、『六星占術』のルーツである「万象学」「算命学」に説かれているさまざまな理論の中で、特に現代人が親しみを感じるのは、「12」という数字が時間を計る単位として用いられていることでしょう。一日は昼間が12時間、夜が12時間。一年は12ヵ月に区切られています。

また、「12」というと、十二支を思い浮かべる人も多いのではないでしょうか。十二支とは子《ね》・丑《うし》・寅《とら》・卯《う》・辰《たつ》・巳《み》・午《うま》・未《ひつじ》・申《さる》・酉《とり》・戌《いぬ》・亥《い》のことで、もとはと言えば時間を指すものでした。

真夜中のことを〝草木も眠る丑満時《うしみつどき》〟とも言います。「満《み》つどき」とは丑の刻《こく》（午前2時の前後1時間を指す）が満ちてくる頃、つまり午前3時を意味しています。たしかに、人間はもちろん、こんな時間に活動する生物などほとんどいないので、「草木も眠る」と表現したのです。昼の12時間は活動していても、夜の12時間は休まなくてはいけないと、昔の人達は考えていました。12時間ごとに、生物を取り巻く環境は真逆になり、それに従って行動も変わるということです。

人間の一生もそのサイクルによく似ています。

〝栄枯盛衰《えいこせいすい》〟という言葉があるように、この世のすべてのものは栄えたり衰えたり、茂り盛んなときを経て枯れ落ちゆく流れを絶えず繰り返しています。

エネルギーの変化を時間の流れと重ね合わせて考えれば、「運命のエネルギー」も時々刻々《じじこっこく》変化し続けていると考えて不思議はありません。その変化とはどんなものなのか——それをわかりやすく、12日間、12ヵ月間、12年間と区切りながら教えてくれるのが『六星占術』です。

◆「12」の運気について

では、占命盤《せんめいばん》に示されている12の「運気」について説明しましょう。どの運命星も、その運命周期＝運気の順番は同じです。自分の運命星と運命周期を正しく知り、それに従って生きていけば、自然界―宇宙のリズムに合った素晴らしい人生を送ることができます。

細木数子は『六星占術』を編み出す以前、水商売をして生計を立てていました。軌道に乗っている時期もありましたが、人にだまされたり裏切られたりして、借金を抱え苦労した時期もありました。成功している人と自分はいったい何が違うのだろうと、悩み苦しんでいました。そんな中、この「運命のリズム」の法則に気が付いたのです。

それからというもの、人生の良い時期、悪い時期を見極め、その時期に適した行動に徹しました。そうすることで一気に人生を好転させることができたのです。では、その12の運気を詳しく見てみましょう。

運命のリズム・12の運気

春

小殺界

種子《しゅし》

12年間の運命周期のスタート。仕事、恋愛、家族、人間関係、お金、健康などすべてが良い方向へ向かい出します。新しいことをはじめるチャンスなので、環境を変えたり、人との出会いも◎。

緑生《りょくせい》

人生の種が芽を出し成長していく時期。ここではじめたことは順調な経過をたどるでしょう。この時期に出会った異性は本命と考えてOK。ただ、成長途中の芽はひ弱なので油断は禁物。

立花《りっか》

将来の方向を決定づける大切な時期。ここでの成功や手にした財産は、人生の基盤になります。ただ、月の〝大殺界〟や日の〝大殺界〟と重なると〝殺界〟のパワーを受けやすいので、要注意。

健弱《けんじゃく》

成長過程で溜まった膿《うみ》が出る時期で〝小殺界〟と言います。体調不良、病気、ケガなど、健康面のトラブルに注意。人間関係や仕事でもダメージを受けやすく、自分や周囲を冷静に顧みる時期。

夏 中殺界 秋

達成《たっせい》

12年に一度の最高の運気。長所を最大限に発揮でき、長年の夢が実現する可能性も。思考力・判断力・集中力・行動力などが最高レベルに。すべてのことが充実し、人生の楽しさを実感。

乱気《らんき》

〝中殺界〟と呼び、些細《ささい》なことでストレスが溜まりやすく、精神面に影響が出やすい。結婚、同棲、転職、引っ越しなど、自ら大きく環境を変えるのはNG。現状キープがいちばんの対策。

再会《さいかい》

結婚、転職、開業、引っ越しなど、環境を抜本的に変えるチャンス。新しい人との出会いが幸運を呼んでくれるので、人間関係や仕事の見直しを。長年悩んできた問題が解決する可能性も。

財成《ざいせい》

やることなすことがすべてお金に結びつく、12年に一度の蓄財のチャンス。仕事運・勉強運も◎。ただ大切な人との別れが生じる心配が。財を得たら世のため人のためになることに使って。

冬

大殺界

安定《あんてい》

人生の果実を収穫する好運気。出会いにも恵まれそうです。あくせく動き回るより、充実した時間を楽しむのが賢明。新しく事をはじめるのは避け、来年からの〝大殺界〟に備えて。

陰影《いんえい》

人生の冬＝〝大殺界〟のはじまり。運気が大きく下降しはじめ、観察力・判断力・集中力が大幅にダウン。周囲の目も厳しくなり、自信喪失ぎみに。焦って動いたり無理したりするのは避けて。

停止《ていし》

〝大殺界〟のど真ん中で八方塞がりの状態。人生において孤立を感じることでしょう。大きなミスを犯し、長年培ってきた信用を損ねる恐れも。愛情面もトラブル続き。じっと耐えること。

減退《げんたい》

〝大殺界〟3年目、不運の嵐。その人が最も嫌がる部分に禍《わざわい》が起こりやすいのが特徴。ストレスから、精神面でのダメージの恐れも。前年に比べ、気持ちに多少余裕が出てくるのが救い。

幸せな人生を歩むための開運五ヵ条

『六星占術』を活用しながら幸せな人生を歩むためには、ご自分の運気を把握しながら一日一日をどのような心構えで過ごすかが重要です。心の曇りを晴らし、自分を成長させる作法を細木数子は毎日実践し、自分の人生を発展させてきました。「どうしたら開運できますか?」と問う前に、まずはこの基本の5つからはじめてみてください。

その一 健康的な生活を送る

どんなに開運をしたとしても、健康でなければ幸せに近づくことはできません。朝起きて朝日を浴びる。窓を開けて新鮮な空気に入れ替える。こんなにもシンプルで簡単なことが、健康を保ちながら開運に繋がる第一歩になります。

そして何よりも大切なのは食事です。人の体は食べ物で作られているので、一食一食を大切に、自分や家族のためにできるだけ手作りを心がけてください。

その二 整理整頓、掃除は開運の初歩

「良い気はきれいな場所に流れる」と言われるように、整理整頓や掃除は開運の初歩です。運気が低迷しているときは、どこか散らかって乱雑になりがちです。そういうときは、〝掃除をしないから物事がうまく回らないのだ〟ということを理解してください。

掃除が面倒だという人は、自ら運気を逃しているようなもの。そのくらい身の回りをきれいに保つことは大切なのです。身だしなみのケアもお忘れなく。

その三 先祖を敬い、感謝して供養する

いま生かされていることを頭におくと、先祖への感謝は欠かせません。先祖の住まいであるお墓にまいり、仏壇にも手を合わせましょう。亡き人の好きだった花や酒、趣味のもの等を供えるのは押しつけや自己満足になるので、「好きな色にお染めください」と、過去、現在、未来を表す白菊3本を供えましょう。自分だけの力で生きている人はいません。先祖のおかげでいまの自分があることに気付いて感謝しましょう。

その四 時間を大切に、規則正しい生活を送る

人は時間によって生きています。その時間の配分を考え、規則正しい生活を送ることが大切です。ですから、時間を無駄にする、また時間を守らず人を待たせると

いうのは社会でのルールに反する行為です。心の余裕がなければ常にバタバタと行動することになり、良い結果に繋がるはずはありません。常に5分前、10分前行動を心がけ、限られた時間を大切に生きてください。

五《その》 人に尽くす心の余裕を持ち、努力する

世のために、誰かのために、という行動は難しいものではなく、誰にでも実践できることです。ですが社会貢献などと大きく考えてしまうと、なかなか行動に移せない人が多いようです。

大切なのは〝こうなってほしい〟と心に自然と発することに向かって動くことです。人に尽くす心の余裕を持ち、努力することが必要です。

土星人のあなたの基本性格

・**向上心があり、**
理想を強く追い求めていく努力家。

・持ち前の**クリエイティブ能力や勘の鋭さ**により**ゼロから新しいものを生み出し**、成功するまでやりとげる。

・**筋が通らないことが大嫌い**ですが、
納得さえできれば意外に物わかりが良い。

・恋愛は何よりも**心の結びつきを重視**するので、
不倫、略奪愛、二股などが大嫌い。

・自分の気持ちを**ストレートに相手に伝えるのがとても苦手。**

・近寄りがたいオーラを放つが、
本当は素直で内面はとてもピュア。

・**協調性がなく**、チームでの仕事が苦手。
ひとりで黙々とできる仕事が向いている。

・ストレスが溜まりやすく、
些細《ささい》なことでキレやすいのが特徴。

第2章

土星人の基本性格

土星人の恋愛・結婚

恋愛でいちばん大切なのは「心」の結びつき

名誉やプライドを重んじる土星人は、恋愛や結婚にも高い理想を持っています。パートナーに求める条件は、無条件で尊敬できる人。相手との「心」の結びつきを大切にしているので、安心できる人と信頼関係を築くことが土星人にとっての幸せの形なのです。どんなにルックスが良くても、お金があっても、浮気の心配のある人には一切の興味を示さないのはそのためです。

好きな相手がいても、自分の気持ちを素直に伝えることがとても苦手です。相手が好意を寄せてくれていることがハッキリしないうちは、自分からプライドを捨ててまで追いかけるようなことはできません。心のまま衝動的に動くより、まずは頭で考えて、うまくやろうと自然に駆け引きをしてしまうことがあります。

ようやく付き合いがはじまっても、深い仲になるまでには時間がかかるのも特徴。一般常識や礼儀を重んじるので、感情に流され一夜をともにするようなことがあると、必要以上に自分を責めたりします。「相手も本気」「この人なら尊敬できる」と確信が持てるまで軽はずみな行動には出ないので、不倫、二股、三角関係、浮気など、危なっかしい恋愛には、一切の興味を示しません。

ただ、女性の場合、理想にこだわりすぎて婚期を逃しかねません。お見合いや知人の紹介は積極的に受けましょう。

開運のカギ

◆より良い恋愛・結婚がしたいなら

土星人は、自分に厳しいぶん、相手にも厳しくなりがちです。その厳しさや自分のルールを少し緩めてみませんか？　あなたの完璧さに相手や家族はちょっと疲れてしまうかもしれません。まずは、「自分とは違う考えの人もいる」ということを理解し、相手に寛容になることからはじめてみましょう。

本当のあなたは、素直で、甘えたくて、とってもチャーミングです。そんなあなたの本質をたくさんの人に知ってもらうには、まずは素直になり、人に頼ってみましょう。浮気やウソが嫌いなあなたを、パートナーは大切にしてくれるはずです。

土星人の家庭・対人関係

完璧主義を周りにも押しつけがち

公私ともに正義感や潔癖主義を押し通そうとする土星人。相手が待ち合わせの日時や場所を間違えたりしようものなら、先輩だろうが親友だろうが、「なぜ遅れたのか」「なぜ連絡をくれないのか」などと、問いただしてしまうことも。

あなた自身も、そうした言動が波風を立てることを自覚しているのではないでしょうか。ほかの人も自分と同じようにすべてをわかっている、すべてできると思い込み、言葉足らずが目立つのも土星人ならでは。職場や学校で、気が付かないうちに孤立している恐れもあります。

家の外では人との付き合いが苦手な土星人ですが、結婚すると100パーセント家庭人になりきります。男女を問わず、家庭を「守るべき城」と考え、何よりも優先しようとするので、家族は安心していられるでしょう。

お互いを尊重し、居心地のいい家庭を保つための努力を惜しみません。女性は出産後も良妻賢母でいられそう。ただ、育児や家事でうまくいかないことが続くと、「悪いのは夫」という考えに支配され、夫婦ゲンカに。男性の場合は、妻が自分と価値観が合わない言動をすると責めたり、子供にも自分の考えを押しつけがち。生来の頑固さが顔を出すと、自分の想いとは裏腹の言動が目立つようになり、別居や離婚の危機に発展することも少なくありません。

開運のカギ

◆より良い対人関係を築くには

土星人の対人関係をより良いものにする最大のカギは、周囲との和を大切にすること。自分にできることは、すべての人が当たり前のようにできるわけではありません。「こうでなければならない」と、その考え方を押しつけてしまうと孤立する原因になってしまいます。「世の中にはいろいろな人がいる」「そのおかげで自分も生きている」という事実に目を向け、感謝の気持ちを忘れないことです。

家庭と仕事の両立が難しいのも特徴。女性は、結婚したら生活が落ち着くまで仕事をセーブするのも選択肢の一つ。男性は家事や子育てに積極的に参加を。

土星人の才能・進路・適性

「ひとりでやれる仕事」で才能を発揮する

土星人はずば抜けた創造力に恵まれています。新しいアイデアが求められる世界で、持って生まれた才能を発揮し、人に教えたり指導したりする地位に就くことも少なくないでしょう。

ただし、人との付き合いが苦手なため、チームを組んでやる仕事よりも、自分のペースで進めていける環境の方が向いていそうです。上司から理不尽な理由で叱られたり、直接関係のない仕事を押しつけられたりすると、持ち前の正義感から衝突することも少なくありません。

プライドが高いので、チームの一員として仕事をしていても、そのうち自分が中心でなければ気が済まなくなるはず。それが言動に出てくると、チームワークを乱しかねません。協調性に乏しく同僚や後輩とのコミュニケーションが面倒と感じたり、上司に理解されないことに不満を抱きはじめたりしたときは、黄信号だと思ってください。

開運のカギ

◆生まれ持った才能をより発揮するためには

土星人が持っているクリエイティブな才能を最大限に発揮するには、チームでの共同作業では頑固さやワガママを抑えること。いっそのこと、最初から「ひとりでやれる仕事」を探す方が素晴らしい結果を引き出すことができるでしょう。

企業の研究開発部門、ファッションやグラフィックなどのデザイナー、SE（システムエンジニア）、学者、作家、建築家、カメラマン、陶芸家、通訳・翻訳業、プログラマーなど、自分のアイデアや創造力を使い、黙々と目標にアプローチする職業が向いています。

勘が鋭く、一発勝負に強いので、イベントや広告の企画に携わるのもよさそう。また、人一倍美意識が高いので、スタイリスト、ヘアデザイナー、ファッションバイヤーなど〝美〟に関わる職業で、独創性や先見性が求められる分野も向いています。このような業種は、昼も夜も仕事、まとまった休みなどとても取れない業界とも言われますが、何事も完璧に仕上げることに大きな満足感を得るのが土星人。どんなに忙しくてもひたすらゴールを目指すに違いありません。

土星人の各界著名人

（50音順）

ーの著名人

芸能界

浅野忠信（1973.11.27）
安住紳一郎（1973.8.3）
有村架純（1993.2.13）
大泉　洋（1973.4.3）
太田　光（1965.5.13）
加藤浩次（1969.4.26）
神田うの（1975.3.28）
斎藤　工（1981.8.22）
菅田将暉（1993.2.21）
武田鉄矢（1949.4.11）
田中裕二（1965.1.10）
堂本光一（1979.1.1）
仲間由紀恵（1979.10.30）
中村雅俊（1951.2.1）
氷川きよし（1977.9.6）
宮﨑あおい（1985.11.30）
宮沢りえ（1973.4.6）

文化人

岩井俊二（1963.1.24）
落合陽一（1987.9.16）
角田光代（1967.3.8）
櫻井よしこ（1945.10.26）
山田洋次（1931.9.13）

政財界

岡田克也（1953.7.14）
三木谷浩史（1965.3.11）
柳井　正（1949.2.7）

スポーツ界

織田信成（1987.3.25）
片山晋呉（1973.1.31）
川澄奈穂美（1985.9.23）
畑岡奈紗（1999.1.13）

＋の著名人

芸能界

有吉弘行（1974.5.31）
井ノ原快彦（1976.5.17）
上野樹里（1986.5.25）
内村光良（1964.7.22）
大友康平（1956.1.1）
黒木　瞳（1960.10.5）
佐藤浩市（1960.12.10）
真田広之（1960.10.12）
高岡早紀（1972.12.3）
高嶋ちさ子（1968.8.24）
舘　ひろし（1950.3.31）
千原ジュニア（1974.3.30）
つんく♂（1968.10.29）
長瀬智也（1978.11.7）
布袋寅泰（1962.2.1）
役所広司（1956.1.1）
優香（1980.6.27）

文化人

荒木経惟（1940.5.25）
江國香織（1964.3.21）
玄侑宗久（1956.4.28）
周防正行（1956.10.29）
辻井伸行（1988.9.13）

政財界

麻生太郎（1940.9.20）
菅　義偉（1948.12.6）
豊田章男（1956.5.3）

スポーツ界

亀田興毅（1986.11.17）
渋野日向子（1998.11.15）
長嶋茂雄（1936.2.20）
松山英樹（1992.2.25）

六星人の性格分布図

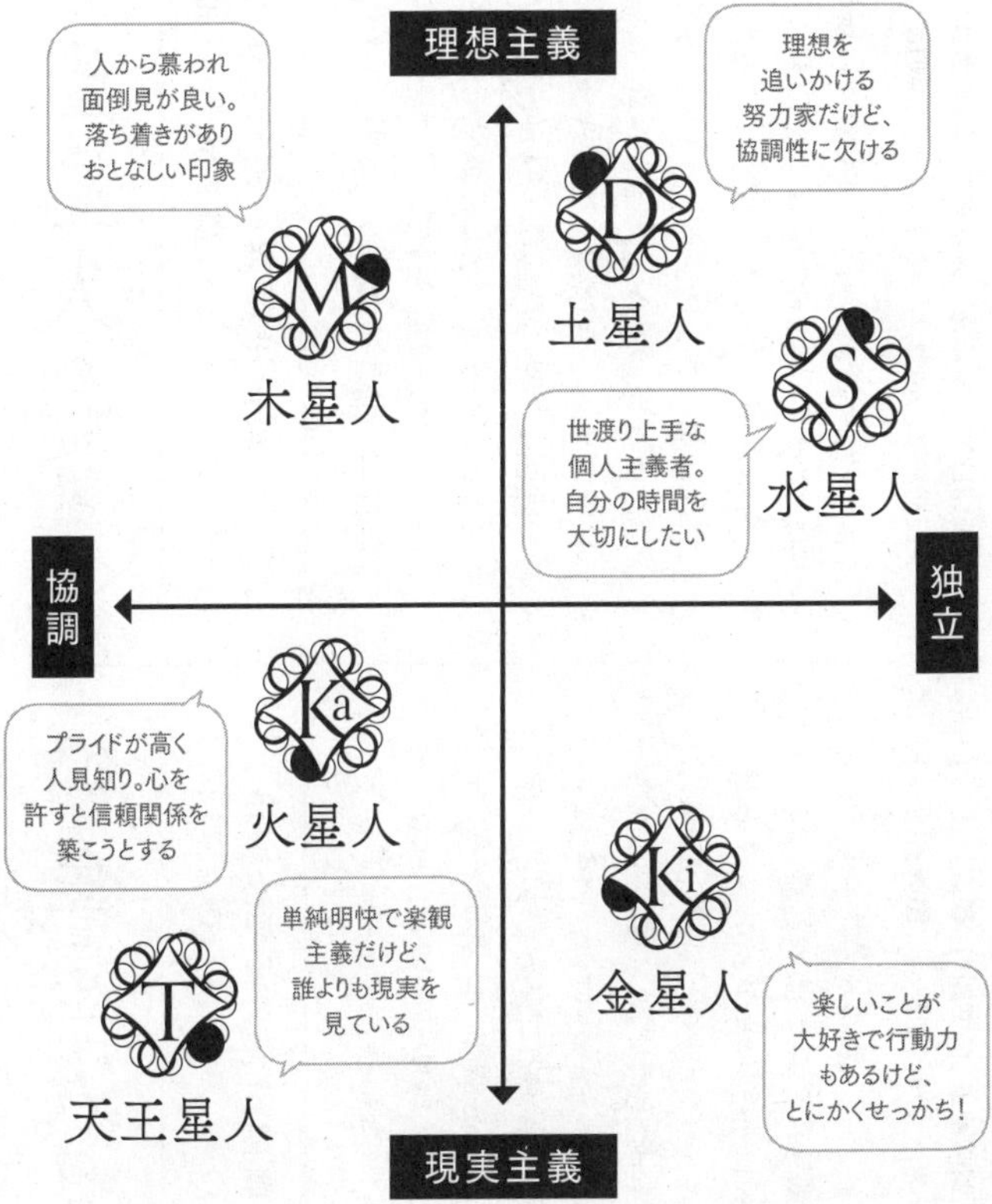

理想主義
現実主義
協調
独立
人から慕われ面倒見が良い。落ち着きがありおとなしい印象
木星人
理想を追いかける努力家だけど、協調性に欠ける
土星人
世渡り上手な個人主義者。自分の時間を大切にしたい
水星人
プライドが高く人見知り。心を許すと信頼関係を築こうとする
火星人
単純明快で楽観主義だけど、誰よりも現実を見ている
天王星人
楽しいことが大好きで行動力もあるけど、とにかくせっかち！
金星人

あくまでも目安となる傾向を示したものです。次ページから各星人の特徴を簡単に説明しているので、そちらも参考にしてください。

土星人の特徴

常に上を目指す、プライド高き理想主義者

創造力に優れ、真面目で潔癖。常に高い目標を目指して行動する理想主義者です。プライドが高いので、何事も自力で切り拓こうとします。融通が利かない頑固者に見られがちですが、筋が通っていれば素直に受け入れる一面も。また、近寄りがたい雰囲気に反して、意外と単純でお人好し。

恋愛では心の結びつきを重視するので、セックスにおぼれることはないでしょう。結婚後は家庭を第一に考える常識人。

（+）有吉弘行、江國香織、菅義偉、松山英樹
（−）有村架純、山田洋次、柳井正、片山晋呉

金星人の特徴

「楽しむこと」が生きがいの合理主義者

明るくユーモアにあふれ、「楽しむこと」が生きがいの合理主義者。自由奔放で、フットワークの軽さと行動力はピカイチです。好奇心旺盛で流行に敏感。勘が良く何事もソツなくこなしますが、落ち着きに欠けるのが〝玉にキズ〟。肝心なところでミスをし、信頼を失ってしまうことも。

恋愛は、さまざまな相手と気軽に楽しむタイプ。結婚してもなかなか家庭に落ち着かないかもしれません。

（+）相葉雅紀、池上彰、デヴィ夫人、中居正広
（−）稲垣吾郎、二宮和也、小澤征爾、長澤まさみ

火星人の特徴

感性が鋭い、センスあふれるフィーリング人間

感性が鋭く、芸術センスあふれるフィーリング人間。プロ意識が高く、自分の好きな仕事のためなら、努力を惜しみません。

マイペースで人見知りが強く、組織や集団になじみにくいのも特徴。ただ、現実を冷静に観察しているので、道から大きく外れることはないでしょう。

セクシーで魅力的なわりに恋には奥手なところもあります。年下の人、部下・後輩との縁が薄いのも、火星人の特徴です。

(＋) 深田恭子、堀江貴文、橋本聖子、大谷翔平
(－) 蒼井優、松本潤、泉ピン子、イチロー

天王星人の特徴

コミュニケーション能力抜群の現実主義者

「論より証拠、言葉より行動」が基本スタンスの現実主義者。人当たりが良く、コミュニケーションを大切にするので、周囲には自然に人が集まってきます。

その場の感情に流されやすく優柔不断ですが、逆境にはめっぽう強く楽観的。頑固さにかけては六星人でも断トツです。

恋多き人生で、異性関係はルーズ。浮気や不倫に走る傾向がある一方、結婚後は家族や子供に深い愛情をそそぐタイプ。

(＋) 大野智、広瀬すず、宮藤官九郎、原辰徳
(－) ビートたけし、三谷幸喜、村上春樹、坂上忍

木星人の特徴

協調性があり、自立心旺盛な大器晩成型

物静かで落ち着いた印象ですが、実は攻撃的で激しい性格。自尊心も強く、「こう」と決めたら驚くほど大胆に行動します。

協調性があり、自立心旺盛、コツコツ努力を積み重ねていく大器晩成型。六星人でいちばんのエネルギーとパワーを備え、組織のトップに立つ人も少なくありません。

恋愛には慎重ですが、運命を感じた相手にはひた走るタイプ。結婚後は、家族を何よりも大切にする家庭第一主義者。

（＋）木村拓哉、櫻井翔、羽生善治、東野圭吾
（－）石田ゆり子、羽鳥慎一、伊坂幸太郎、菅野智之

水星人の特徴

頭の回転が速く、世渡りも上手な個人主義者

クールで利己的、徹底した個人主義者。目上との縁が薄く、親のサポートを受けているうちは本来の力は発揮できません。

頭の回転が速く、世渡りも上手。目標達成に向け頑張り抜く粘り強さは断トツ。財運がとても強く、カリスマ性もあり、一代で財を築く人も少なくありません。

華やかで異性にモテて、セックスも大好き。ただ、家庭運には恵まれないので、結婚生活を維持するには努力が必要です。

（＋）桑田佳祐、水谷豊、小泉純一郎、田中将大
（－）タモリ、阿川佐和子、小泉進次郎、井上尚弥

第3章

2024（令和6）年版 土星人の運命

土星人の全体運　2024(令和6)年

(+)【達成】

陽(+)の人は、12年に一度の最高の運気である【達成】を迎えて、自身が理想とするライフスタイルを実現するのに最適な一年になるでしょう。

持ち前の才能や実力も開花し、これまで抱いていた夢や理想を叶えられるかもしれません。そのためには並々ならぬ熱意や情熱が不可欠ですが、今年は最強の好運気の力強いバックアップを受けて、想像以上に大きい成果を期待できそうです。

プライドが高く一匹狼タイプの土星人は、人を寄せつけないタイプに見られがちですが、今年はそれが一転。確固たるポリシーを持った〝向上心の強い人〟などと高く評価されるでしょう。そういった周囲のまなざしが、あなたの意欲をさらに強めてくれるはずです。クリエイティブな能力にも磨きがかかり、今年はチャンスの多い一年になります。

イベントやセミナー、パーティーなどにも積極的に参加して、人との輪を広げましょう。普段なら出席しないような集まりでも、今年は足を運ぶ価値があります。新しい人脈は、あなたにさらなる開運をもたらしてくれるカギとなるでしょう。

（一）【健弱】

12年の運命周期の中で最初の低調期である〝小殺界〟の【健弱】に入りました。ここ3年間の好運気で溜まった疲れなどが出てくるため、健康を害しやすい時期です。

土星人は自分が決めたことは徹底してやり通すタイプなので、仕事も勉強も恋愛もつい無理をしがちです。そのため、気付かないうちに病気のもとを作ってしまう恐れがあります。【健弱】のときはそれが際立つので、今年は行動のスピードを緩め、少し休息を取るくらいのつもりで過ごすといいでしょう。

持病のある人や治療中の人はもちろんですが、健康に自信がある人も、ちょっとした体調の変化を見逃さないようにしましょう。昨年の健康診断で問題がなかったとしても、安心は禁物です。今年は専門医に細かく検査してもらうなど、念入りに確認を。

ここで大病を患うようなことがあると、来年の最強の好運気【達成】を十分に活かせません。それでは大きな悔いを残すことになります。日頃から健康に留意し、規則正しい生活やバランスの取れた食事、適度な運動を習慣づけましょう。

恋愛・結婚運　2024（令和6）年

（＋）【恋愛・結婚面で大いに楽しめるハッピーな一年】

陽（＋）の人は、今年、恋愛・結婚面でも素晴らしい一年になりそうです。理想の相手として思い描いているような人を紹介されたり、素敵な相手とドラマチックな恋に落ちたり、純粋な恋愛を存分に楽しんだりと、満ち足りた日々を送れるでしょう。今年、出会った人と電撃結婚などという嬉しいハプニングもあるかもしれません。

土星人は恋愛や結婚において〝心の繋がり〟を重視しているので、出会ってすぐに恋人やパートナーになることは少ないでしょう。そのため、出会いの場には興味がないかもしれませんが、今年はあえて、イベントやパーティー、ライブなど、人が集まる場所に顔を出してみましょう。電撃的な出会いがあるかもしれません。

パートナーがいる人の場合も、旅行やレジャー、パーティーに出かけるなどして一緒に楽しむ時間を持つと、関係性がより良好になり、幸せを感じられるはずです。

結婚を考えている人は、一歩を踏み出すチャンスです。周囲からの援助も受けられるので、相手の運気をしっかりチェックして行動に移してみましょう。

（一）【思い通りにいかなくても現状キープを心がけて】

陰（一）の人は〝小殺界〟に入ったため、さまざまな面で精神的なダメージを受けやすく、恋愛や結婚も自分がかかげる望み通りにはいかないことが増えてきそうです。

パートナーがいない人は、人と出会う機会があっても、恋愛に発展する人が現れる可能性は低いかもしれません。気になる人とデートをしようとしても、スケジュールが合わないなど、思い通りにいかない恐れがあります。それどころか、家族の反対や急な転勤など、二人を引き離そうとする力に翻弄されるかもしれません。

恋愛が思い通りにいかなくても諦《あきら》めてはいけません。いろいろな人に会うことで、どんな人が自分に合うのかを知ることができる、と現状をポジティブに捉えましょう。

パートナーがいる人は、恋愛も結婚も相手と二人で関係を築くところからはじまるということを忘れてはいけません。土星人は自分の気持ちを相手に伝えることがとても苦手です。あなたは愛情を持って尽くしているつもりでも、相手に伝わっていないことも。これまで以上に心を配り、相手に気持ちをハッキリ言葉で伝えるようにしましょう。

◆土星人（＋）の詳しい恋愛運

【シングル】

もともとプライドが高い土星人は、自分から告白することはあまりないかもしれません。しかし、今年は、素敵な人と出会えたり、理想のタイプの人を紹介されたり、ドラマチックな恋があなたを待ち受けている予感です。

恋人が欲しいと思っている人は、イベントやパーティー、異業種交流会など、人と出会えるところに出かけてみましょう。運命を感じるような出会いが期待できます。

【恋人あり】

土星人は心の結びつきを大切にするため、一緒にいて安心できる人と付き合う傾向にあります。今年は二人の関係がより強くなり、さらに心の繋がりを感じることができます。

恋人といずれ結婚したいと考えているなら、今年は結婚を真剣に考えるチャンスです。相手の運気が良ければ、準備が万全でなくても問題ありません。周囲のサポートを受けて、幸せな結婚生活をスタートできるに違いありません。

【既婚者】

心から尊敬できて、信頼できる人をパートナーに選ぶ土星人ですが、今年は日常生活の中でパートナーのよさを改めて実感できる機会がたくさんありそうです。

お互いの絆をよりいっそう深められる状況も整ってきそうです。行きたいと思っていた場所に旅行したり、仲間同士のパーティーに顔を出したりと、パートナーと一緒に出かける時間も楽しく感じられます。子宝に恵まれることもありそうです。

【再婚】

真面目で堅実な性格なので、再婚相手を探していたとしても、紹介されて付き合うことには抵抗を感じているかもしれません。ただ、好運気の今年は、あなたが望んでいる条件にピッタリの人を紹介されることも夢ではありません。人と会う機会が多ければ多いほど可能性が広がるので、思い切って人の集まる場に顔を出してみましょう。

一緒にいて心から安心できる恋人がいる人は、再婚に向けて踏み出してください。

◆土星人(－)の詳しい恋愛運

【シングル】

恋人のいない人は、出会いの機会があっても恋に発展するまでに時間がかかるかもしれません。出会った人とようやくデートにこぎつけても、出張や残業で約束が流れたり、あなたの魅力を伝えるチャンスが少ないかもしれません。

今年は無理に恋愛に発展させようとするより、いろいろな相手との交流を増やしましょう。人を見る目を養うことで、最高の好運気となる来年に備えるのもおすすめです。

【恋人あり】

向上心が強くプライドの高い土星人のあなたは、恋愛においても相手に高い理想を押しつけがちです。今年はその性質が強く出てしまう傾向がありそうです。

恋人に対して自分のリクエストを伝えてばかりいると、相手は疲れてしまいます。相手がいてこそ恋愛が成立するのだということを心に刻み、相手の気持ちになって行動することを心がけるとトラブルを未然に回避できるでしょう。

【既婚者】

自分の気持ちを素直に伝えることが苦手なあなた。いつもはそんなツンデレな態度が許されるかもしれませんが、今年は少し注意が必要です。

どんなに心の繋がりを感じていようとも、パートナーに対してあなたが大切に思っていることを伝える努力を忘れてはいけません。日頃あまり口にしない感謝の気持ちも、手紙などでちゃんと言葉にして伝えてみると関係はグッとよくなるでしょう。

【再婚】

真剣に再婚を考えているパートナーがいる人も、今年は焦ってはいけません。無理に進めるよりも、運気が絶好調になる来年に先延ばしにするのが賢明と言えそうです。

この一年は、旅行に行ったり、たくさんの会話の中でゆっくりと関係を深めていく時間に充《あ》てましょう。そうすることで相手に対して新しい発見もありそうです。

相手がいない人は、まずは交友関係を広げることからはじめてみましょう。

家庭・人間関係運　2024（令和6）年

（十）【人と会って人脈を広げることが開運のカギ】

12年に一度の好運気の今年は、人との出会いでさらなる幸運を引き寄せそうです。マイルールを持っている土星人は、自分と違う価値観を持つ人に対して心を閉ざしてしまう傾向がありますが、今年は無理なく打ち解けることができるでしょう。

人との出会いで視野が広がり、人生の選択肢がグッと増えるようなこともありそうです。偶然出会った人がきっかけとなって、仕事や恋愛で大きなチャンスが舞い込むことも。意外なところから転職や独立の話が持ち込まれたり、心から尊敬できる人と恋に落ちたりすることもあるでしょう。〝運〟というのは、人が運んでくるものなのです。今年は多くの人と知り合い、刺激を受けながらあなたの運気を磨いていきましょう。

ただ、好き嫌いがハッキリしている土星人は、第一印象のよくない相手には初対面の際に無愛想な態度で接しがちです。無理に笑顔を振りまく必要はありませんが、どこにどんな出会いが待ち受けているかわからないので、好印象を心がけるようにしましょう。

ただし、月の〝大殺界〟の9〜11月に知り合った人との急接近は要注意。

（一）【無理せず付き合える人との関係を大切に】

〝小殺界〟の今年は、人間関係で悩んだりトラブルを抱えることもありそうです。実力を十分に発揮できないと、イライラして人に当たってしまうかもしれません。いつもなら笑って聞き流せることをネガティブに受け止めたり、些細《ささい》なことにも過剰に反応したりと、自分の方から居心地の悪い状況を作ってしまうこともあるでしょう。

さらには、協調性のなさが今年はエスカレートしてしまい、自ら一匹狼の状況を作り出してしまうこともありそうです。

だからといって、安易に人の誘いに乗る必要はありません。責任感の強さから人の役に立とうと頑張りすぎたり、人に合わせるために無理をしてメンタルをすり減らしてしまうからです。年運が【健弱】の今年は、体力的に余裕がない傾向にあるので、それが自分へのプレッシャーになって、逆効果を生むことにもなりかねません。どんなときでも、自分を過小評価したり、周囲の顔色を気にしたりしないように。来年は運気が好転するので、ありのままの自分を出せる人との付き合いを大切にしましょう。

金運　2024（令和6）年

◆土星人（＋）

「お金に困らない恵まれた一年。活きたお金の使い方でさらなる金運アップへ」

今年はボーナスや報酬がアップしたり、趣味が実益を生み出したりと、経済的に恵まれる一年になりそうです。欲しいものを欲しいときに買えたり、少々浪費しても予定外の収入で帳尻が合ってしまうなど、全般的にお金に困ることはないでしょう。

これまで海外旅行や留学、マイホーム購入、独立開業などのための資金を貯めてきた人は、ここへきて夢を実現できるかもしれません。少しくらい心配事があっても、思い切って第一歩を踏み出してみていいでしょう。家族や親戚が援助してくれたり、予定よりも費用が安く抑えられたりと、思っていたよりもスムーズに進められそうです。

土星人はもともとお金に対してシビアなので、節約や貯金に励むのは得意ですが、今年は、支出を抑えることばかりに目を向けていてはもったいないほどの好運気です。活きたお金の使い方を真剣に考えてみてもよいでしょう。欲張るのは禁物ですが、情報収集したうえで大丈夫と思えたものであれば投資してもいいかもしれません。その際、持ち前の鋭い勘をフルに使いつつも、慎重さを忘れないことがポイントです。

ただ、月の〝殺界〟に入る3月、5月、9〜11月は思い切った投資にはブレーキをかけるようにしてください。年運が【達成】で最高の運気とはいえ、月の〝殺界〟の時期には何が禍《わざわい》するかわかりません。くれぐれも用心しましょう。

開運ポイント

最高の運気である今年は、活きたお金の使い方ができるかがカギ。留学や資格取得などのための自己投資は、今後大きなリターンが期待できそうです。あなたの夢やずっとやりたかったことを叶えるために事前の情報収集を忘れずに。

金運 2024（令和6）年

◆土星人（－）

「物欲や誘惑に弱い今年は、収支をコントロールすることが大切」

陰（－）の人は、お金儲けや大金などとはあまり縁がない一年になるでしょう。それだけでなく、何も考えずに過ごしていると、蓄えていたはずのお金がどんどん減ってしまう恐れもあります。普段から倹約を心がけるのはもちろん、収支をきちんと把握して、必要以上に支出が増えないようにコントロールすることが大切です。そのためには日々の支出をしっかりと記録したり、家計簿をつけたりするといいでしょう。

今年は大きな損失はないものの、自分でも気が付かないうちに浪費しているというようなことが少なくありません。たとえ少額でも、支払いの金額や内容は意識するようにしてください。スマホ決済、電子マネーなどで気軽に支払いを重ねていると、日々の無駄遣いがまとまった出費になっていることも。どの決済方法が自分の生活スタイルに合うのかよく考え、倹約に自信がない人は今年は現金主義を通してもいいかもしれません。判断力の低下により、後払いのタイプは気付かないうちに予定以上のお金を使ってしまい、決済日が近づいてから慌てることになる恐れがあるので、気を付けてください。

ただし、土星人が苦手とする人付き合いに対しては、お金を惜しまないように。一緒に食事をしたり、お土産やお礼の品などに気を配ったりすると、新しい関係性を育むことができます。それによって、お金には代えられない信頼関係を築けるはずです。

開運ポイント

小さな出費でも気が付くと大きな浪費に繋がる傾向がある今年は、リボ払い、後払いは厳禁と心得てください。いまあるお金で買えるものだけ、を意識しましょう。ただし、交際費は信頼関係を築くことに繋がります。惜しまずに使ってください。

仕事・勉強運　2024（令和6）年

（十）【才能や実力が認められて将来にも繋がる】

今年【達成】を迎えた陽（十）の人は、あなたが持っている実力を余すことなく発揮できるでしょう。仕事の面では、これまでの努力が評価されるうえに、昇進や昇格、報酬アップの可能性が見えてくるなど、働きがいを実感できる一年になりそうです。

特に今年は、土星人ならではのクリエイティブさが認められそうです。あなたの意見や企画が注目されたり、ちょっとしたアイデアが大きなプロジェクトに採用されたりするかもしれません。上司や先輩からのサポートも期待できるでしょう。

これまでは高い向上心と理想主義が原因で周囲から孤立することが多かった人も、考え方にブレがなくてしっかりしている、と評価されるようになりそうです。それにより、信頼が高まってネットワークが広がり、将来に何かしらのプラスをもたらしそうです。

習い事やスポーツ、趣味などは、とりあえず年内にひと区切りをつけて、検定試験や資格取得に挑戦すると嬉しい結果が出る兆しです。それをきっかけにプロへの道が開けたり、独立や起業のきっかけも生まれます。失敗を恐れずに挑戦していきましょう。

（一）【ペースを落として着実に前進を】

これまで順調だった陰（一）の人も【健弱】の今年は、小休止のタイミングだと心得てください。自分の心と体が心地よく過ごせることを優先させるようにしましょう。

高い理想を自力で実現させていく土星人は、一度こうだと決めると、なかなか方向転換できない頑固な面を持っていますが、〝小殺界〟に入ったことでその傾向がより強まります。そのため、自分の体調や体力を過信して突き進んでしまうこともありそうです。

スローペースで着実に進めることを目標に、綿密なスケジュールを立てたり、ノルマを課したりして、自らにプレッシャーをかけるのはやめましょう。目標やポリシーのことはひとまず忘れて、気持ちをラクにしてください。過去を振り返って、自分の欠点を探すのも厳禁です。

無理をすると、体調を崩すことに繋がり、それが深刻になれば、病気を患って何もかも手放さなければいけなくなるかもしれません。何かうまくいかない感触や違和感があれば、休みを取って、心身を労《いたわ》るようにしてください。

健康運　2024（令和6）年

（十）【気持ちが晴れてエネルギーにあふれる】

昨年までの悩みから解放されて、信じられないほど精神的にラクになります。その晴れやかな気持ちが、身体的にも良い影響を及ぼすに違いありません。何かに全力を注いでも、まだなお活力がわいてくるほど、パワーにあふれているはずです。

今年は、土星人の持つ高い向上心も存分に活かせます。美容やダイエット、体質改善など、具体的な目標と計画を設定して、日々、取り組むといいでしょう。

（一）【検診を受けて生活習慣も見直して】

これまで気付かないうちに重ねてきた小さな無理が、体のどこかに病気のもとを作っている可能性があります。どんなに体調がいいと感じていても、念のため、徹底的に検査してもらうようにしてください。

日々の生活習慣も見直すといいでしょう。睡眠時間をしっかり確保し、バランスの取れた食事を取り、運動不足だった人は体を動かすなど、生活の改善に努めましょう。

第4章

2023年10月〜2024(令和6)年版 土星人の月別運気

土星人＋ 2023年10月の運気

停止 周囲の信用を失う恐れも心身を休めることが大切

月の〃大殺界〃の真ん中に入り、うまくいかないことが多くて立ち往生しそうです。

職場や学校などでは、自分の優位性を見せつけようとして、過度に闘争心を燃やす恐れがあります。しかし、それでは敵を増やすうえに、信用まで失うかもしれません。

多忙のあまり体を休める時間がなく、体調を崩す可能性もあります。起床時や日中に眠さやだるさを感じるようになったら要注意。無理せずに休養を取ってください。

パートナーとの関係も不調気味。今月は、ひとりの時間を大切にするといいでしょう。

◎＝1、13、25日 ○＝3、15、27日
△＝2、12、14、24、26日
×＝6、7、8、18、19、20、30、31日

土星人－ 2023年10月の運気

陰影 不運に見舞われても誠意ある態度で対応を

好調だった先月から一転、月の〃大殺界〃に入り、危機に直面することが多そうです。

職場では、信頼されていた上司に些細《ささい》なことで叱責されるかもしれません。また、恋人の浮気が発覚したり、対人面ですれ違いがあったりと、思いもよらないトラブルが起きる恐れがあります。

これは、年運の【立花】が月の〃大殺界〃の影響を強めていることが原因です。自分を責める必要はありませんが、人のせいにして無責任な態度を取るのは禁物です。どんなときでも誠意を尽くしましょう。

◎＝2、14、26日 ○＝4、16、28日
△＝1、3、13、15、25、27日
×＝7、8、9、19、20、21、31日

土星人＋ 2023年 11月の運気

減退

疲労やストレスが蓄積 心身の不調に気を付けて

月の〝大殺界〟が3ヵ月目となり、ストレスが溜まってきているかもしれません。人といると苦痛を感じ、ひとりでSNSや動画配信に夢中になることもありそうです。それを続けていると、疲弊して判断力が鈍り、インターネットで不要なものを購入したり、不審なサービスに登録したりする恐れがあるので注意してください。

不調が体に現れることもあります。小さなことでも自己判断しないで、病院を受診するように。大事に至らせないためにも、症状の軽いうちに対応しましょう。

◎＝6、18、30日 ○＝8、20日
△＝5、7、17、19、29日
×＝1、11、12、13、23、24、25日

土星人－ 2023年 11月の運気

停止

辛いことが起きても 試練と受け止めて冷静に

不運なことが起きて行き詰まりやすい今月。事故や病気、失職、恋人との別れなどにより、ショックを受けるかもしれません。

いつもは冷静に対処できるはずですが、今月は難しそうです。感情に流されたり、投げやりになったりすることもあるでしょう。ただし、辛いからといってお酒や買い物などで気を紛らわしても、問題は解決できません。逆に、体調を崩したり、浪費したりと、別の問題が生じる恐れもあります。

ここは、今後飛躍するための試練と捉えて、目の前のことをこなしていきましょう。

◎＝7、19日 ○＝9、21日
△＝6、8、18、20、30日
×＝1、2、12、13、14、24、25、26日

〈月別運気の見方〉◎＝幸運にめぐり合える〝超ラッキーデー〟 ○＝スムーズにいきやすい〝ラッキーデー〟

土星人＋　2023年 12月の運気

種子　気持ちが前に向く　動くのは年が明けてから

月の〝大殺界〟が終わり、あらゆることが良い方向へと動きはじめます。それに伴い、気持ちも前向きになるでしょう。できなかったことに取りかかったり、別れた人との関係を修復したりと、これまでの遅れを取り戻したくなるかもしれません。

しかし、年運は〝小殺界〟なので、変化を起こすには時期尚早です。満足な結果が得られずに、落ち込むこともあるでしょう。

年が明ければ年運も良くなるので、今月は準備に充《あ》てましょう。身近な人に助言や協力をもらえそうなので、相談してみても。

◎＝12、24日　○＝2、14、26日
△＝1、11、13、23、25日
×＝5、6、7、17、18、19、29、30、31日

土星人－　2023年 12月の運気

減退　集中力が散漫になりそう　言動には注意して

今月は、集中力が散漫になって、大事なところでミスをしてしまいそうです。重要な会議や試験などで、本来の実力を発揮できずに終わってしまうこともありそうです。事故や災難に遭って大ケガをする恐れもあるので、日々の生活にも気を配って。

人間関係のトラブルも要注意。原因はあなたにあることがほとんどなので、常に自分の言動を振り返るようにしてください。

休日は、溜まった物の整理を。クローゼットや冷蔵庫の中などを片付けて、空間も気分もスッキリさせるといいでしょう。

◎＝1、13、25日　○＝3、15、27日
△＝2、12、14、24、26日
×＝6、7、8、18、19、20、30、31日

2024（令和6）年　土星人の月別運命リズム推移

月	土星人（＋）		土星人（−）	
1月	新たな気持ちで物事に取り組める。幸運を招く人との出会いも。	緑生	種子	良い方向に動き出す月。事前準備をしっかりして慎重に。
2月	ここが人生の転機になる可能性も。新しい才能を開花させられそう。	立花	緑生	前進が見られなくても焦りは禁物。慌てて動き出さないように。
3月	予想外のトラブルの可能性も。いつでも気持ちにゆとりを持って。	健弱	立花	健康を過信するのはNG。スローペースで着実に。
4月	思い通りの結果が期待できそう。目標を明確にして動くことも大切。	達成	健弱	体調が低下しやすい時期。体調管理を何よりも優先して。
5月	欲を出しすぎるとトラブルの元。いまは現状で満足するように。	乱気	達成	ポジティブな気持ちになれて、前進している実感を得られる。
6月	人生に転機をもたらす出会いも。人と会う機会を多く作って。	再会	乱気	対人関係でトラブルに注意。無理せずに運気の流れに任せて。
7月	お金の心配は不要な一ヵ月。スキル向上や人のためにも使うこと。	財成	再会	距離があった人との仲を深められる。人との交流が開運のカギ。
8月	仕事での成果が表れて充実する。無理せず休養も取るように。	安定	財成	金運好調で欲しいものが手に入る。交際費は惜しまず使うのが◎。
9月	運気がややパワーダウン気味に。人間関係のトラブルに注意して。	陰影	安定	来月からの月の〝大殺界〟に備えやれることはすべて済ませること。
10月	うまくいかないことがあっても、持ち前のパワーで乗り切って。	停止	陰影	焦りからくるトラブルに注意。ゆっくりと前に進めることを意識して。
11月	気持ちに余裕が出てくる兆し。何事も集中して行うように。	減退	停止	予測不能のミスに振り回されそう。事態を見極めて慎重に対処を。
12月	将来に向けて何かをはじめる機会。転職などで環境を変えるのも◎。	種子	減退	意欲がわかず集中力も途切れがち。対人の問題は今月中に解決を。

運命リズム

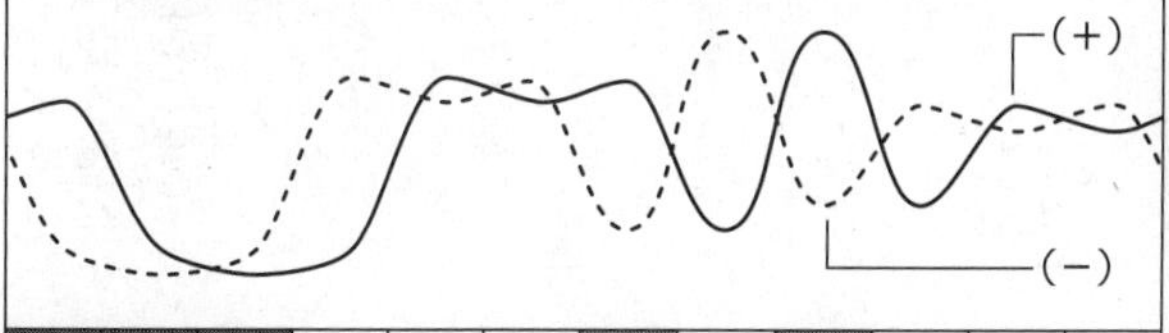

〈月別運気の見方〉◎＝幸運にめぐり合える〝超ラッキーデー〟　○＝スムーズにいきやすい〝ラッキーデー〟

緑生

好運をもたらす人と出会う機会 楽しいときも自制心を忘れずに

人生の芽が出て成長していく【緑生】の今月は、新たな気持ちで物事に取り組めそうです。そのうえ、思ってもみなかった成果が期待できます。

新年会やパーティーなどは苦手かもしれませんが、誘われたら参加してみましょう。公私にわたって好運をもたらす人との出会いがあるかもしれません。

ただし、そういう場での振る舞いには気を付けてください。お酒を飲みすぎたり騒ぎすぎたりして、周囲の人に敬遠されないように。楽しみながらも、自分の気持ちをコントロールすることが大切です。

恋人がいる人は、二人の仲が急速に進展しそうです。同棲や結婚の話が持ち上がるかもしれませんが、行動に移すのは時期尚早。来月以降がいいでしょう。

1月［緑生］日運

15	14	13	12	11	10	9	8	7	6	5	4	3	2	1
立花	緑生	種子	×減退	×停止	×陰影	安定	財成	○再会	△乱気	◎達成	△健弱	立花	緑生	種子

31	30	29	28	27	26	25	24	23	22	21	20	19	18	17	16
○再会	△乱気	◎達成	△健弱	立花	緑生	種子	×減退	×停止	×陰影	安定	財成	○再会	△乱気	◎達成	△健弱

◎＝超ラッキーデー／○＝ラッキーデー／△＝アンラッキーデー／×＝大殺界

種子

期待する成果が得られないとき健康面の注意も必要

今月は、すべてが良い方向へ動き出す【種子】の月運ですが、年運の【健弱】に阻まれて、あなたの理想とする結果はすぐには得られないかもしれません。

難しい局面をなんとかしようと、さまざまな策を講じても、時間と労力を使うばかりで、すべてを投げ出したくなることもあるかもしれません。

特に、健康面は注意が必要です。無理を重ねると、治療が必要な大病を患う恐れもあります。今月は現状維持でよしと気楽に考えましょう。無理に問題を解決しようとせず、スローペースで構えてください。

パートナーに多くを望むのもよくありません。ゆっくり時間が取れるときに、二人で外出するくらいでも十分に楽しめるでしょう。

1月［種子］日運

1	2	3	4	5	6	7	8	9	10	11	12	13	14	15
×減退	種子	緑生	立花	△健弱	◎達成	△乱気	○再会	財成	安定	×陰影	×停止	×減退	種子	緑生

16	17	18	19	20	21	22	23	24	25	26	27	28	29	30	31
立花	△健弱	◎達成	△乱気	○再会	財成	安定	×陰影	×停止	×減退	種子	緑生	立花	△健弱	◎達成	△乱気

◎＝超ラッキーデー／○＝ラッキーデー／△＝アンラッキーデー／×＝大殺界

立花

予想を超える好結果に期待大 新しい環境に飛び込むのも◎

月運の【立花】が年運の【達成】を強めるので、その相乗効果で予想を超えるような好結果が期待できます。もしかしたら、〝ここが人生の転機になった〟と思えるほど、大きなことが起きるかもしれません。

留学やホームステイなどで、知識や見聞を深めるのもいいでしょう。また、転職やサイドビジネスの起ち上げ、独立開業など、仕事で新しいチャレンジをするにも最適です。人事異動や転属が決まったら、希望とは異なっていても素直に受け入れてください。そういった環境の変化が、自分でも気付いていない新しい才能を開花させるチャンスになりそうです。

恋人とも深い愛情と信頼で結ばれるでしょう。同棲や結婚に踏み切っても後悔しないはずです。

2月［立花］日運

15	14	13	12	11	10	9	8	7	6	5	4	3	2	1
×陰影	安定	財成	○再会	△乱気	◎達成	△健弱	立花	緑生	種子	×減退	×停止	×陰影	安定	財成

29	28	27	26	25	24	23	22	21	20	19	18	17	16
×減退	×停止	×陰影	安定	財成	○再会	△乱気	◎達成	△健弱	立花	緑生	種子	×減退	×停止

◎＝超ラッキーデー／○＝ラッキーデー／△＝アンラッキーデー／×＝大殺界

緑生

ゆっくりでも着実に前に進む今月 プライドを持って過ごして

あらゆることが、可もなく不可もなく、という一ヵ月。だからといって停滞しているわけではなく、【緑生】の月運により、少しずつ良い方向に進んでいます。

そうはいっても、明らかな成果が見られないために、不満を感じるかもしれませんが、それは危険なサインです。新しいことや目立つことをしようとすると、思いがけないトラブルを招く恐れがあります。焦りが生じたり、好奇心がわいてきたりしても、いま動き出すのは我慢した方が賢明でしょう。

恋愛の面では、関係性がハッキリしていない相手に対して、強引に白黒を迫ってはいけません。また、あなた自身が〝都合のいい人〟にならないように、プライドを持って接することも大切です。

2月[緑生]日運

1	2	3	4	5	6	7	8	9	10	11	12	13	14	15
○再会	財成	安定	×陰影	×停止	×減退	種子	緑生	立花	△健弱	◎達成	△乱気	○再会	財成	安定

16	17	18	19	20	21	22	23	24	25	26	27	28	29
×陰影	×停止	×減退	種子	緑生	立花	△健弱	◎達成	△乱気	○再会	財成	安定	×陰影	×停止

◎＝超ラッキーデー／○＝ラッキーデー／△＝アンラッキーデー／×＝大殺界

健弱

常に余裕を持って行動を初心に返ることも大切

今月は、成長過程にあって、溜まった疲労が出やすい【健弱】の月運です。この時期、土星人は頑張りすぎて早々に燃え尽きてしまうことがよくあります。何をするにもひと呼吸おいて、余裕を持って行動するように心がけるといいでしょう。

また、これまで強い信念のもと、努力をして実績を積み重ねてきたとしても、それに執着するのはよくありません。経験を踏まえながらも、思い上がることなく、初心に返って取り組むことが大切です。

恋人や友人とメッセージなどのやりとりをするときは、事前に時間や状況を考えるようにしてください。思いもよらぬ誤解を招いたりする恐れもあるので、今月は少しやり取りを控えることが賢明でしょう。

3月[健弱]日運

1	2	3	4	5	6	7	8	9	10	11	12	13	14	15
種子	緑生	立花	△健弱	◎達成	△乱気	○再会	財成	安定	×陰影	×停止	×減退	種子	緑生	立花

16	17	18	19	20	21	22	23	24	25	26	27	28	29	30	31
△健弱	◎達成	△乱気	○再会	財成	安定	×陰影	×停止	×減退	種子	緑生	立花	△健弱	◎達成	△乱気	○再会

◎＝超ラッキーデー／○＝ラッキーデー／△＝アンラッキーデー／×＝大殺界

立花

健康への配慮を忘れないで 恋愛関係でも用心が必要

今月の月運は【立花】ですが、それが年運の【健弱】を強める働きをします。そのため、体調不良や病気、ケガなどの心配がありそうです。

最初は軽い症状のように思っても、意外に長引くこともあります。過信することなく、十分に配慮してください。花粉症やアレルギーなど、ある程度予測がつくものは、早めに準備と対策をしておきましょう。

対人・恋愛関係にも注意が必要です。特に、親友の恋人や既婚者と深い仲になってしまうなど、危険な関係に進展する恐れがあります。普段のあなたなら、毅然とした態度で遮断できても、今月は自分を見失いがちなので、雰囲気に流されてしまうかもしれません。後悔することのないように、十分に用心しましょう。

3月[立花]日運

15	14	13	12	11	10	9	8	7	6	5	4	3	2	1
緑生	種子	×減退	×停止	×陰影	安定	財成	○再会	△乱気	◎達成	△健弱	立花	緑生	種子	×減退

31	30	29	28	27	26	25	24	23	22	21	20	19	18	17	16
△乱気	◎達成	△健弱	立花	緑生	種子	×減退	×停止	×陰影	安定	財成	○再会	△乱気	◎達成	△健弱	立花

◎＝超ラッキーデー／○＝ラッキーデー／△＝アンラッキーデー／×＝大殺界

2024年 4月の運気

達成

心身ともに充実する一ヵ月 何事も成果を実感できるはず

一年の中で最高の運気である【達成】を迎えて、心身ともにパワーが充実する今月。勉強、就職、仕事、引っ越し、恋愛など、さまざまなことについて思い描いていた通りの結果を出せそうです。

何かをはじめる前に、無理かもしれない、などと思わず、目標を明確にして動いてみましょう。

苦手分野や不得意な科目は、時間を割いて取り組んでください。思考力や集中力も高まっているので、予想より早く上達や成果が実感できるに違いありません。

友人の集まりやパーティーなどにも、積極的に参加しましょう。付き合いの浅い人からの誘いでも、行ってみることです。縁を感じる出会いがあったり、仕事に有益な情報が得られたりする可能性があります。

4月［達成］日運

1	2	3	4	5	6	7	8	9	10	11	12	13	14	15
財成	安定	×陰影	×停止	×減退	種子	緑生	立花	△健弱	◎達成	△乱気	○再会	財成	安定	×陰影

16	17	18	19	20	21	22	23	24	25	26	27	28	29	30
×停止	×減退	種子	緑生	立花	△健弱	◎達成	△乱気	○再会	財成	安定	×陰影	×停止	×減退	種子

◎＝超ラッキーデー／○＝ラッキーデー／△＝アンラッキーデー／×＝大殺界

健弱

体調の異変を見逃さないで 勉強や仕事でも無理は禁物

月運が【健弱】の影響により、健康面で予期しない事態を招く恐れがあります。少しでも体調の異変を感じたら、自己判断せず、すぐに病院を受診しましょう。

ＳＮＳや口コミで評判の健康法やダイエットなども、そのまま取り入れないようにしてください。まずは、どのようなものかを確認して、さらに、自分の生活スタイルや体質に合っているかを見極めてからにしましょう。何も考えずに飛びつくと、効果が出ないどころか、逆効果になる恐れもあります。

仕事や勉強で無理をするのも禁物です。たとえ試験前でも、徹夜は避けるように。頑張りすぎると肝心のときに思考力が低下したり、体調を崩したりして、せっかく培った実力を発揮できなくなります。

4月［健弱］日運

1	2	3	4	5	6	7	8	9	10	11	12	13	14	15
○再会	財成	安定	×陰影	×停止	×減退	種子	緑生	立花	△健弱	◎達成	△乱気	○再会	財成	安定

16	17	18	19	20	21	22	23	24	25	26	27	28	29	30
×陰影	×停止	×減退	種子	緑生	立花	△健弱	◎達成	△乱気	○再会	財成	安定	×陰影	×停止	×減退

◎＝超ラッキーデー／○＝ラッキーデー／△＝アンラッキーデー／×＝大殺界

乱気

不安や焦りを感じても事を荒立てずに現状維持を

月運である【乱気】は〝中殺界〟とも呼ばれ、ストレスが溜まりやすくなります。何かと不安や焦りを感じやすく、気分が滅入ることも多くなりそうです。

こういうときは、聞き間違いや連絡ミスなど、いつもなら考えられないことが起こる可能性が高まります。仕事や勉強でも、本来の調子を出せなかったという事態に陥るかもしれません。

恋愛や結婚生活においても、パートナーへの不信感が募る出来事が起きそうです。しかし、ほとんどの場合、あなたの思い過ごしといっていいでしょう。携帯電話の盗み見など、マナー違反はNG。問い詰めたりすると、関係を悪化させるだけなので、言いたいことがあっても沈黙して、現状キープを心がけましょう。

5月［乱気］日運

1	2	3	4	5	6	7	8	9	10	11	12	13	14	15
緑生	立花	△健弱	◎達成	△乱気	○再会	財成	安定	×陰影	×停止	×減退	種子	緑生	立花	△健弱

16	17	18	19	20	21	22	23	24	25	26	27	28	29	30	31
◎達成	△乱気	○再会	財成	安定	×陰影	×停止	×減退	種子	緑生	立花	△健弱	◎達成	△乱気	○再会	財成

◎＝超ラッキーデー／○＝ラッキーデー／△＝アンラッキーデー／×＝大殺界

達成

すべてが充実する一ヵ月 仕事も勉強もはかどりそう

今年最高の運気である【達成】の今月は、すべてが充実する一ヵ月になるでしょう。前月とは打って変わって、ポジティブな気分で過ごせるはずです。

思考力や集中力なども格段にアップします。仕事も勉強もうまくいっている実感を得られて、目標達成が現実味を帯びてくるかもしれません。

趣味や習い事も上達しそうです。これを機に、本格的に取り組むのもいいでしょう。資格取得試験に挑戦するのもおすすめです。将来、仕事に役立ったり、プロの道に進んだりと、新しい展望が開けることも。

パートナーとの関係を深めたいと思っている人は、自分の大切な人に会わせる機会を作りましょう。結婚を意識した付き合いになるはずです。

5月［達成］日運

1	2	3	4	5	6	7	8	9	10	11	12	13	14	15
種子	緑生	立花	△健弱	◎達成	△乱気	○再会	財成	安定	×陰影	×停止	×減退	種子	緑生	立花

16	17	18	19	20	21	22	23	24	25	26	27	28	29	30	31
△健弱	◎達成	△乱気	○再会	財成	安定	×陰影	×停止	×減退	種子	緑生	立花	△健弱	◎達成	△乱気	○再会

◎＝超ラッキーデー／○＝ラッキーデー／△＝アンラッキーデー／×＝大殺界

再会

影響力のある人と出会う兆し 行動範囲を広げることが大切

月運が【再会】の今月は、人生に大きな転機をもたらす人との運命的な出会いがありそうです。

例えば、進路をアドバイスしてくれる人、独立するきっかけを作ってくれる人など。新しい人生を開くカギとなりうるので、人との交流も大切にしましょう。

また、人との出会いは、新しい自分の発見にも繋がります。行動範囲を広げて、自ら出会いの機会を作るように働きかけましょう。

恋人が欲しいと思っている人は、理想の相手にめぐり合う可能性もあります。土星人は自分から気持ちを伝えるのは苦手かもしれませんが、この人だと思える相手がいたら、チャンスを逃す手はありません。思い切ってぶつかってみてください。

6月［再会］日運

1	2	3	4	5	6	7	8	9	10	11	12	13	14	15
安定	×陰影	×停止	×減退	種子	緑生	立花	△健弱	◎達成	△乱気	○再会	財成	安定	×陰影	×停止

16	17	18	19	20	21	22	23	24	25	26	27	28	29	30
×減退	種子	緑生	立花	△健弱	◎達成	△乱気	○再会	財成	安定	×陰影	×停止	×減退	種子	緑生

◎＝超ラッキーデー／○＝ラッキーデー／△＝アンラッキーデー／×＝大殺界

乱気

身近な人とトラブルの恐れ
時間が解決するのを待って

月運が〝中殺界〟でもある【乱気】のため、何もかもうまくいっていた前月とは異なり、些細《ささい》なことでトラブルになる恐れがあります。

特に、恋人や親友、職場の同僚など、身近な人との間に誤解や行き違いが起きるかもしれません。関係を修復しようとして動くと、逆にこじれることも。時間が解決してくれるのを待つ方がいいでしょう。

また、済んでしまったことを思い悩んでも解決はできません。それより、ここは運気の流れに身を任せてください。来月になれば、事態は好転するはずです。

この時期に出会った人が、あなたに幸運をもたらすことはなさそうです。気安く連絡先を教えると、面倒なことになる恐れがあるので控えましょう。

6月[乱気]日運

15	14	13	12	11	10	9	8	7	6	5	4	3	2	1
×陰影	安定	財成	○再会	△乱気	◎達成	△健弱	立花	緑生	種子	×減退	×停止	×陰影	安定	財成

30	29	28	27	26	25	24	23	22	21	20	19	18	17	16
種子	×減退	×停止	×陰影	安定	財成	○再会	△乱気	◎達成	△健弱	立花	緑生	種子	×減退	×停止

◎＝超ラッキーデー／○＝ラッキーデー／△＝アンラッキーデー／×＝大殺界

財成

急な出費も乗り越えられそう
お金を有効に使うことも考えて

さまざまなことがお金に結びつきやすい今月は、何をしても、どこにいても、お金で苦労することはなさそうです。たとえ予想していなかった出費が生じても、どこからか調達できて何とかなるので、それほど心配する必要はないでしょう。

土星人はお金を貯めるだけで満足してしまうところがありますが、それでは今月の運気を活かせません。仕事に活かせるスキルを身につけたり、スポーツに取り組んで健康を増進したりと、自分を高めるためにお金を使うことも考えてください。

また、倹約しすぎると運気を落としかねません。恋人や家族、日頃からお世話になっている人には贈り物をするなど、大切な人のためにもお金を使いましょう。

7月［財成］日運

1	2	3	4	5	6	7	8	9	10	11	12	13	14	15
立花	△健弱	◎達成	△乱気	○再会	財成	安定	×陰影	×停止	×減退	種子	緑生	立花	△健弱	◎達成

16	17	18	19	20	21	22	23	24	25	26	27	28	29	30	31
△乱気	○再会	財成	安定	×陰影	×停止	×減退	種子	緑生	立花	△健弱	◎達成	△乱気	○再会	財成	安定

◎＝超ラッキーデー／○＝ラッキーデー／△＝アンラッキーデー／×＝大殺界

再会

気持ちに余裕ができて人間関係もよりスムーズに

前月の月の〝中殺界〟を抜けたことで、緊張から解放されて、心にゆとりが生まれるでしょう。人との縁に幸運のカギがある【再会】の今月は、それが人間関係にも良い影響をもたらしそうです。

最近、すれ違いがちだったパートナーとの関係や、距離を感じていた友人との関係も、良い方向へと向かうに違いありません。

対面の出会いは人間関係を広げるのに役立ちますが、SNSでも同じように、多くの人と知り合ったり、交流を図ることが可能です。仕事や趣味をはじめ、同じ課題を抱えている人とも繋がってみるといいでしょう。意見を交換し合いながら取り組むことで、相手との信頼関係も深められるはずです。

7月[再会]日運

1	2	3	4	5	6	7	8	9	10	11	12	13	14	15
緑生	立花	△健弱	◎達成	△乱気	○再会	財成	安定	×陰影	×停止	×減退	種子	緑生	立花	△健弱

16	17	18	19	20	21	22	23	24	25	26	27	28	29	30	31
◎達成	△乱気	○再会	財成	安定	×陰影	×停止	×減退	種子	緑生	立花	△健弱	◎達成	△乱気	○再会	財成

◎＝超ラッキーデー／○＝ラッキーデー／△＝アンラッキーデー／×＝大殺界

安定

充実した毎日で仕事でも活躍 恋人との仲も深まる気配

人生の果実を収穫する【安定】の今月は、仕事もプライベートも充実した日々を過ごせそうです。

仕事では、大きなプロジェクトを起ち上げたり、新しいクライアントとの契約を成立させたりと、活躍できる兆しがあります。それに伴って、周囲からの評価も上がり、ますます意欲がわいてくるでしょう。

恋人との関係も深まりそうです。結婚を望んでいる人は、家族や上司などに相手を紹介すると、トントン拍子で結婚まで進むかもしれません。

ただし、何事も無理は禁物です。疲れや体調不良を感じたら、十分に休養を取るようにしてください。来月からは月の〝大殺界〟に入るので、目的に向かって突き進むのではなく、運気を見ながら行動しましょう。

8月[安定]日運

1	2	3	4	5	6	7	8	9	10	11	12	13	14	15
×陰影	×停止	×減退	種子	緑生	立花	△健弱	◎達成	△乱気	○再会	財成	安定	×陰影	×停止	×減退

16	17	18	19	20	21	22	23	24	25	26	27	28	29	30	31
種子	緑生	立花	△健弱	◎達成	△乱気	○再会	財成	安定	×陰影	×停止	×減退	種子	緑生	立花	△健弱

◎＝超ラッキーデー／○＝ラッキーデー／△＝アンラッキーデー／×＝大殺界

財成

お金に運が向いているとき 恋人とのデートも少し贅沢に

金運に恵まれる今月は、これまで欲しいと思っていたものを手に入れられるでしょう。特に、お金に関することに運があるので、宝くじや投資などにトライしてみてもいいかもしれません。

デート代やプレゼントの費用は出し惜しみしないこと。見栄を張って盛大にお金を使う必要はありませんが、お金をかけて相手に心を配るということは、大切にしていることの証とも言えるので、愛情が深まるきっかけになるに違いありません。

一方で、仕事に時間を取られすぎると、二人の関係が破綻する恐れがあります。特に用事がないときでも、メッセージや電話などでパートナーと頻繁にコミュニケーションを図るようにしてください。

8月［財成］日運

15	14	13	12	11	10	9	8	7	6	5	4	3	2	1
×停止	×陰影	安定	財成	○再会	△乱気	◎達成	△健弱	立花	緑生	種子	×減退	×停止	×陰影	安定

31	30	29	28	27	26	25	24	23	22	21	20	19	18	17	16
立花	緑生	種子	×減退	×停止	×陰影	安定	財成	○再会	△乱気	◎達成	△健弱	立花	緑生	種子	×減退

◎＝超ラッキーデー／○＝ラッキーデー／△＝アンラッキーデー／×＝大殺界

陰影

トラブルを未然に防ぐために言動は控えめにすること

今月から月の〝大殺界〟に入り、運気が低迷しはじめます。これまで問題なかったことがトラブルになる恐れもあるので、控えめな言動を心がけてください。

特に、人間関係で揉め事などが起きやすい兆しがあります。それが仕事にまで悪影響を及ぼして、苦しい立場に追い込まれるかもしれません。正義感が強く、曲がったことが嫌いな土星人の性質は、〝大殺界〟のときはマイナスに働くことが多いため、相手にも非があると思っても、早いうちに謝ってしまいましょう。

SNSなどでコメントを発信するのも、今月はできるだけ控えましょう。あなたの意図とは異なる意味に受け取られ、バッシングされるなどして精神的なダメージを被る恐れがあります。

9月［陰影］日運

1	2	3	4	5	6	7	8	9	10	11	12	13	14	15
◎達成	△乱気	○再会	財成	安定	×陰影	×停止	×減退	種子	緑生	立花	△健弱	◎達成	△乱気	○再会

16	17	18	19	20	21	22	23	24	25	26	27	28	29	30
財成	安定	×陰影	×停止	×減退	種子	緑生	立花	△健弱	◎達成	△乱気	○再会	財成	安定	×陰影

◎＝超ラッキーデー／○＝ラッキーデー／△＝アンラッキーデー／×＝大殺界

安定

やるべきことは終わらせて充実した時間を楽しんで

10〜12月は月の〝大殺界〟に入るので、その前の今月をどう過ごすかが重要になります。

仕事でも勉強でも日常生活でも、やり残していることがあれば、今月中に片付けてしまいましょう。また、これまで頑張ってきた人は、疲れを持ち越さないためにも、今月中にメディカルチェックを受けて、健康をキープするようにしてください。

月運が【安定】の今月は、充実した時間を楽しむことができます。こういうときは、趣味に没頭するのもいいかもしれません。

恋人とのデートも、心ゆくまで楽しめそうです。家族や友人、職場の同僚などとも、じっくり話す時間が取れると、意外に大きな収穫が得られるでしょう。

9月［安定］日運

15	14	13	12	11	10	9	8	7	6	5	4	3	2	1
△乱気	◎達成	△健弱	立花	緑生	種子	×減退	×停止	×陰影	安定	財成	○再会	△乱気	◎達成	△健弱

30	29	28	27	26	25	24	23	22	21	20	19	18	17	16
安定	財成	○再会	△乱気	◎達成	△健弱	立花	緑生	種子	×減退	×停止	×陰影	安定	財成	○再会

◎＝超ラッキーデー／○＝ラッキーデー／△＝アンラッキーデー／×＝大殺界

土星人＋ 2024年 10月の運気

停止

イライラしても我慢がいちばん ひとりで過ごす時間を作って

月の〝大殺界〟の真ん中に入り、何をやってもうまくいきづらい状態が続きそうです。

精神的にもイライラが募って、身近な人に不満やグチをこぼしたくなるかもしれません。しかし、文句を言ったところで、状況は好転しません。かえって、周囲の人に嫌がられて不利な状況に陥りかねないので、この時期は黙って耐え抜いてください。

恋人がいる人は、些細《ささい》なことからケンカに発展することがありそうです。意地を張っていると心の距離ができてしまうので、あなたから素直に気持ちを伝えてみましょう。そうすることで早く仲直りできます。

今月は自分の時間を大切にして趣味や習い事などに力を注ぐと、気持ちが少し軽くなるはずです。

10月［停止］日運

1	2	3	4	5	6	7	8	9	10	11	12	13	14	15
×停止	×減退	種子	緑生	立花	△健弱	◎達成	△乱気	○再会	財成	安定	×陰影	×停止	×減退	種子

16	17	18	19	20	21	22	23	24	25	26	27	28	29	30	31
緑生	立花	△健弱	◎達成	△乱気	○再会	財成	安定	×陰影	×停止	×減退	種子	緑生	立花	△健弱	◎達成

◎＝超ラッキーデー／○＝ラッキーデー／△＝アンラッキーデー／×＝大殺界

陰影

不本意な目に遭うことも
周囲に確認しながら進めること

不運が起きやすい【陰影】の今月は、自分の気持ちをコントロールするのが難しい場面が増えそうです。ストレスを抑えきれず、無意識のうちにトラブルの種を蒔《ま》いていることもあるでしょう。

例えば、忙しくてメッセージやメールの返信が遅れたために相手を怒らせてしまったり、何気なく口にしただけなのに責任を取らされたり。あなたにとって不本意に思えることも、多々起きそうです。

仕事でもプライベートでも、どんなに些細《ささい》なことであっても周囲の反応を確かめながら進めてください。そうすれば誤解や理不尽なことは避けられるでしょう。

ウワサや中傷にも悩まされそうですが、弁解は逆効果。沈黙を守っていた方が信頼回復は早いはずです。

10月[陰影]日運

1	2	3	4	5	6	7	8	9	10	11	12	13	14	15
×陰影	×停止	×減退	種子	緑生	立花	△健弱	◎達成	△乱気	○再会	財成	安定	×陰影	×停止	×減退

16	17	18	19	20	21	22	23	24	25	26	27	28	29	30	31
種子	緑生	立花	△健弱	◎達成	△乱気	○再会	財成	安定	×陰影	×停止	×減退	種子	緑生	立花	△健弱

◎＝超ラッキーデー／○＝ラッキーデー／△＝アンラッキーデー／×＝大殺界

減退

仕事も勉強も短時間で集中を対人関係では感謝の表現が大切

ようやく月の〝大殺界〟も今月で終わります。その影響はまだありますが、前月に比べると、少しは気持ちに余裕が出てくることでしょう。高望みしなければ、楽しく過ごせるはずです。

仕事の面では、情報の確認をしっかりおこなってください。勉強の面では、復習に力を入れることです。ただし、何事も時間をかけたところで実りはあまり変わらないので、短時間で集中するのが効率的で賢い方法でしょう。人間関係においては、相手への気配りが求められます。特に恋人に対しては、自分が尽くしていることをアピールしがちですが、それは愛情の押し売りです。相手の気持ちを汲み取って、労《いたわ》りや感謝の気持ちを表現することを大切にしましょう。

11月［減退］日運

1	2	3	4	5	6	7	8	9	10	11	12	13	14	15
△乱気	○再会	財成	安定	×陰影	×停止	×減退	種子	緑生	立花	△健弱	◎達成	△乱気	○再会	財成

16	17	18	19	20	21	22	23	24	25	26	27	28	29	30
安定	×陰影	×停止	×減退	種子	緑生	立花	△健弱	◎達成	△乱気	○再会	財成	安定	×陰影	×停止

◎＝超ラッキーデー／○＝ラッキーデー／△＝アンラッキーデー／×＝大殺界

停止

予想外のミスが発生する気配 基本から見直すことも大事

今月は、月の〝大殺界〟の真ん中にあたり、自分の力ではどうしようもない場面が増えそうです。

予測のつかないミスやアクシデントが発生して、その責任を取らされるなど、振り回されることもあるでしょう。そういうときは、事態の成り行きをじっくり見極めて、慎重に対処することが重要です。

仕事においては、慣れているルーティンワークほど念を押すようにしてください。勉強も、基本を何度もおさらいすることに徹しましょう。

パートナーがいる人は、相手に無関心でいると、愛想を尽かされたり、浮気をされることも。ただし、しつこく愛情を確認するのは逆効果。相手を思いやりながら、つかず離れずの距離感を保ちましょう。

11月[停止]日運

15	14	13	12	11	10	9	8	7	6	5	4	3	2	1
○再会	△乱気	◎達成	△健弱	立花	緑生	種子	×減退	×停止	×陰影	安定	財成	○再会	△乱気	◎達成

30	29	28	27	26	25	24	23	22	21	20	19	18	17	16
×陰影	安定	財成	○再会	△乱気	◎達成	△健弱	立花	緑生	種子	×減退	×停止	×陰影	安定	財成

◎＝超ラッキーデー／○＝ラッキーデー／△＝アンラッキーデー／×＝大殺界

種子

新しいことをはじめるチャンス
転職を望むなら行動してみて

運命周期のスタートである【種子】が月運の今月は、何か新しいことをはじめるのに絶好のチャンスです。資格取得の勉強をスタートしたり、趣味や習い事を究めたりと、将来は仕事にするくらいの高い目標を掲げて取り組んでみてもいいでしょう。

転職や留学、引っ越しなど、環境を変えるのにも良い時期です。転職を考えている人は、積極的に知り合いを当たってみることです。インターネットにも情報が豊富にあるので、自分に合った方法でとことん探してみてください。

恋人関係に発展させたい相手がいる人は、クリスマスを二人きりで過ごせるように計画を。それには早めに連絡を取り、手を打っておくようにしてください。

12月［種子］日運

1	2	3	4	5	6	7	8	9	10	11	12	13	14	15
×減退	種子	緑生	立花	△健弱	◎達成	△乱気	○再会	財成	安定	×陰影	×停止	×減退	種子	緑生

16	17	18	19	20	21	22	23	24	25	26	27	28	29	30	31
立花	△健弱	◎達成	△乱気	○再会	財成	安定	×陰影	×停止	×減退	種子	緑生	立花	△健弱	◎達成	△乱気

◎＝超ラッキーデー／○＝ラッキーデー／△＝アンラッキーデー／×＝大殺界

減退

疲労やストレスが溜まりそう 問題があればここで断ち切って

月の〝大殺界〟3ヵ月目に入り、精神的なダメージをはじめ、あなたの弱い部分に禍《わざわい》が起きやすい時期です。仕事も勉強も、意欲がわかなかったり、心配事が出てきて集中できなかったりと、スムーズに進められそうにありません。そのうちに疲労やストレスが溜まって、周囲に不平不満をもらしていると、反感を買うことさえあるでしょう。

パートナーとの間に問題を抱えている人は、今月中に解決してください。不倫や三角関係といった危険な恋愛は、ここで関係を断ち切っておかないと、来年の好運気【達成】を十分に活かせなくなります。

結婚を前提に付き合っている人は、先走らないように。家族に会わせるのは年が明けてからにしましょう。

12月[減退]日運

15	14	13	12	11	10	9	8	7	6	5	4	3	2	1
種子	×減退	×停止	×陰影	安定	財成	○再会	△乱気	◎達成	△健弱	立花	緑生	種子	×減退	×停止

31	30	29	28	27	26	25	24	23	22	21	20	19	18	17	16
◎達成	△健弱	立花	緑生	種子	×減退	×停止	×陰影	安定	財成	○再会	△乱気	◎達成	△健弱	立花	緑生

◎＝超ラッキーデー／○＝ラッキーデー／△＝アンラッキーデー／×＝大殺界

土星人のあなたがたどる**これから12年間の運命**

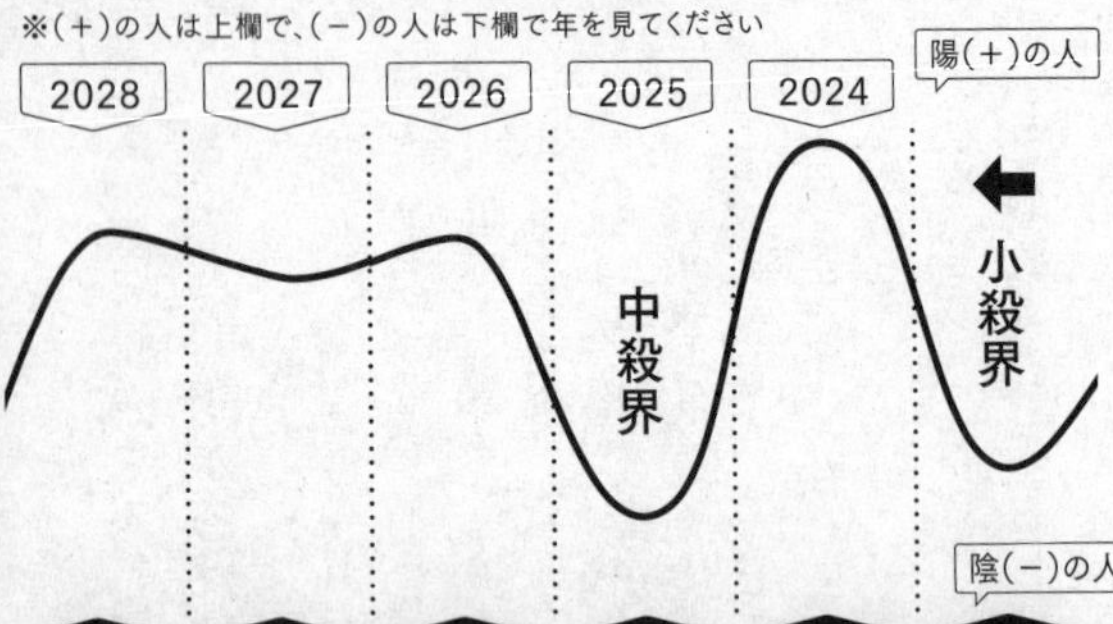

2024 健弱《けんじゃく》…
なんとなく体調が優れず、気分もすっきりしない日々が続きそう。信頼していた人に裏切られたり、親しい人との関係にヒビが入ることも。ストレスはこまめに解消することを心がけて。

2025 達成《たっせい》…
公私ともに絶好調の好運気。長年の夢が実現したり、幸運が次々と舞い込むとき。仕事も家事も目標を高めに設定し、自信を持って努力すると最高の結果を残すことができるでしょう。

2026 乱気《らんき》…
イライラして落ち着きがなく、判断力が低下しているので軽はずみな行動が多くなる。自分でも信じられないような初歩的なミスをする恐れが。大事な決断は来年以降に持ち越しがベター。

2027 再会《さいかい》…
過去をリセットするチャンス。自分を信じて一大決心を。想定外のトラブルも無事に解決し、マイナスをプラスに転じられそう。この時期の出会いは意外な分野で人脈を広げるチャンスに。

2028 財成《ざいせい》…
お金と人が自然に引き寄せられ、心豊かに過ごせそう。転職や起業を考えているのなら、ここは思い切ってキャリアアップを。蓄財に執着せず、愛情を育む姿勢を忘れずに行動を。

2029 安定《あんてい》…
あらゆることが順調に運び、いままで取り組んできたことが実現しそう。恋愛、結婚生活も順調。ただし、来年から3年間は〝大殺界〟に入るので、調子に乗らず堅実に足もとを固めること。

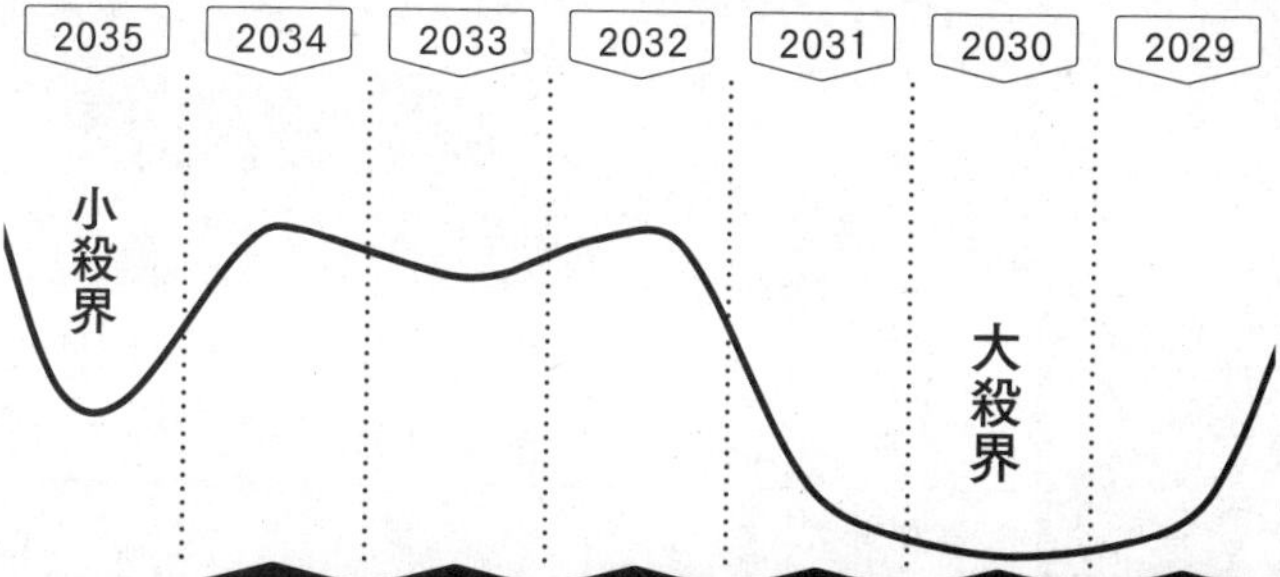

2030

陰影《いんえい》…いままでと同じようにやっているのに、タイミングがズレたり、誤解されたりしがち。挽回しようと焦ると、余計に空回りしそう。好運気の人の話に耳を傾け、困ったらアドバイスを求めて。

2031

停止《ていし》…何をしてもうまくいかず、もがくほどに深刻な状況に陥りやすい。焦って無理をしても泥沼にはまり込む傾向があるので、こだわりを捨てて何があってもじっと耐える覚悟で臨むこと。

2032

減退《げんたい》…仕事も恋愛も進展の可能性は薄い。やることなすこと、すべてが裏目に出そう。無理に人生を好転させようと焦るのではなく、現状維持を心がけ、ただひたすら嵐が過ぎるのを待つこと。

2033

種子《しゅし》…気持ちを切り替え、新たなスタートを切る時期。周囲の人とも穏やかに話したり、一緒に行動できるようになるので、気持ちもいっそう明るくなれる。長期的な人生計画の立案を。

2034

緑生《りょくせい》…何をやるにもモチベーションが高まり、積極的に取り組めそう。新しいことをはじめるチャレンジ精神も高まる時期。ただ運気はまだひ弱なので、焦って結果を求めたり、欲を出しすぎるのはＮＧ。

2035

立花《りっか》…あなたにとって大きなターニングポイントとなる一年。大きな決断を迫られることもあるかもしれませんが、何事にも果敢にチャレンジすれば良い成果を出すことができるでしょう。

健弱《けんじゃく》…公私ともに、さまざまなトラブルが絶えないとき。気持ちが落ち込みがちで、ストレスから健康面に大きな影響を及ぼす可能性も。現状維持を心がけ、地道な努力を続けましょう。

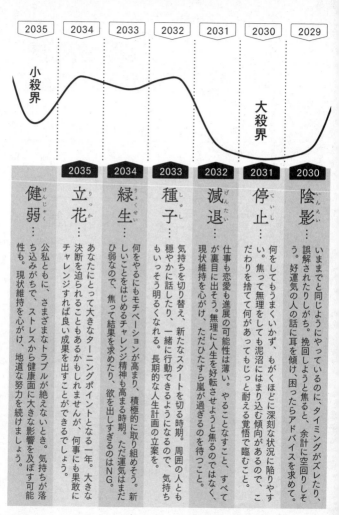

土星人のラッキーポイント

	(＋)の人 幸運	(＋)の人 不運	(－)の人 幸運	(－)の人 不運
月	2月 4月 7月	9〜11月 5月	3月 5月 8月	10〜12月 6月
方角	東北東 東南東 南南西	西 北西	東 南南東 西南西	北西 北
異性との相性	寅・辰・ 未年 生まれ	酉・戌・ 亥・巳年 生まれ	卯・巳・ 申年 生まれ	戌・亥・ 子・午年 生まれ

健康運	のど、気管、肺などの呼吸器系統に要注意。また、骨折、ねんざの恐れあり。
勝負運	一点張りの大穴狙いに強い。競輪、競艇、競馬など「展開」を読む勝負に強い。

Items
幸運なもの …… 桃の花、オパール、真珠、ダイヤモンド、音楽、時計

Colors
幸運な色 …… 金、銀、黄、ピンク、白、紫
タブー色＝赤などケバケバしい色

Places
幸運な場所 …… 神社、仏閣など格式のある場所、飛行機、高級レストラン、展望台

Sports
幸運なスポーツ …… トレッキング、ジョギング、トライアスロン、アーチェリー

第5章

土星人の良い相性、ダメになる相性

『六星占術』による相性の読み方

人はひとりでは生きていけない——誰もが、家族、恋人、友人、職場の上司、同僚、後輩など、いろいろな人と接しながら生きています。でも、たくさんの人と接する中で「なぜかあの人とは呼吸が合う」「なんだかあの人は苦手だ」と感じることはありませんか？ その根底にあるものは、人と人の「相性」です。もし、あらかじめ人との相性を知ったうえで関わることができたら、より良い人間関係を築くことができるようになります。

◆『六星占術』は3つの側面から分析

基本的には、相性を3つの側面から判断していくのが『六星占術』の考え方です。まずは、時間の経過によって変化していく「**天運**《てんうん》」、相手の干支《えと》によって定まっている「**地運**《ちうん》」、そして、星人の気質から判断する「**人運**《じんうん》」です。

中でもいちばん影響を及ぼすのが、お互いの運気の組み合わせによって変わる「天運」です。どの星人も年（月、日）ごとに運気が変わっていくので、相手との天運は一定ではありません。どちらか一方、あるいは両方の運気に〝殺界〟がからんでいるときは、それまで良い関係にあった二人でもズレが生じやすくなります。

逆に、どちらも運気に恵まれているとき＝天運が良いときは、お互いの長所を引き出し合うことができます。結婚や同棲、夫婦でマイホームを買う、共同で事業を起ち上げるなど、何かを一緒にはじめるなら、天運が良いときを選ぶとうまくいく確率がグッと上がります。星人ごとの今年の天運については、Ｐ１０４～Ｐ１１５に詳しく書きましたので、そちらを参照してください。

次に重要なのが、星人ごとに「相手の生まれ年の干支」から判断する「地運」です。年（月、日）運に関係なく、この人とはどうもソリが合わない、いつも反発し合う……という場合は、地運が悪い〝相性殺界《あいしょうさつかい》〟の可能性があります。

占命盤《せんめいばん》には12個の円に干支が示されています。地運はその隣に記されている運気で判断します。干支によって決まるので、生涯変わりません。仕事でもプライベートでも、大事なパートナーを決めるときは、地運の良い相手を選ぶ方がいいでしょう。こちらはＰ１１６～Ｐ１１９を参照してください。

3番目が「人運」です。星人ごとに性格も気質も違うので、ぶつかり合ったり惹かれ合ったりするのは当たり前のことです。Ｐ１２０の「早見表」で確認してみてください。

土星人＋達成 → 土星人＋達成

仕事も結婚も相性運が最高の二人

今年は二人とも最高の運気【達成】です。一緒に取り組む仕事が飛躍的に成長したり、土星人特有の独創性を活かして新規の事業を起ち上げたりと、力を合わせて行うと順調に進められそうです。

結婚する相手としても、最高の相性運。経済的にも安定した家庭を築けるでしょう。

付き合って間もない恋人の場合は、慎重になりすぎる傾向があります。結婚を見据えているのなら、家族や友人にサポートしてもらうなどして、今年のうちに動くように。来年は二人そろって〝中殺界〟の【乱気】なので、同棲、入籍は年内に済ませてしまいましょう。

土星人＋達成 → 土星人－健弱

調子が合わずにイライラさせられる

同じ星人の二人なので、何事も堅実に進めていける間柄です。しかし、今年に限っては、一筋縄ではいかないことが多く、一緒にいるだけで、どちらも気疲れしてしまいそう。

仕事などでペアを組まなければならない場合は、土星人（－）とはペースが合わずにイライラさせられることが多そうです。

パートナーの場合も、遠慮なく言いたいことを言う相手にうんざりしてしまって、愛情が薄れてしまいそう。将来を約束していたとしても結婚には踏み切れないかもしれません。

いまの関係を保つには、今年は適度に距離をおくのが賢明でしょう。

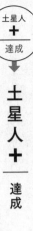

土星人＋ 達成 → 金星人＋ 再会

パートナーとしてふさわしい相手

金星人（＋）はトレンドに敏感なので、その感性があなたの創造力をかき立てて、何をするにも優れた実行力を発揮できそうです。

理性的なあなたのクリエイティブ力を活かして、何か新しい仕事をはじめようとしているなら、パートナーとして金星人（＋）は最適です。二人の力が組み合わされれば、成功は手にしたも同然と言っていいでしょう。

恋人の場合、お互いの欠点を補い合える、相性ぴったりのカップルになります。この相性運のもとで結婚すれば、生活を楽しみながら堅実な家庭を築いていけるはずです。結婚を望んでいるなら早めに話を進めてください。

土星人＋ 達成 → 金星人－ 乱気

来年まで見据えれば補い合う関係に

今年の金星人（－）は、あなたにとって好ましい相性運の相手とは言えません。

考える前に動いてしまう金星人（－）は、【乱気】に入ると、自身でも理解できない行動をしがちです。そこに常識を重んじる土星人（＋）のあなたがいれば、相手は依存してしまい、良好な関係を築くのは難しくなるでしょう。

あなた自身も金星人（－）に振り回されてストレスを抱えることになるので、できれば一緒に行動するのは避けた方がいいでしょう。

ただし来年になると運気は逆転します。今年サポートしたぶんは、来年に戻ってくるので、長い目で見て多少のことは我慢しましょう。

土星人＋ 達成 → 火星人＋ 安定

価値観を認め合って一緒に成長できる

こだわりの強い二人は、今年のような好運気に気持ちの余裕ができて初めてお互いの価値観を認め合うことができそうです。

趣味や好みも一致しやすいので、共通の話題を探してみてください。そういう中に、二人で成長できるヒントがあるかもしれません。ビジネスの面でもプラスを生み出すでしょう。

今年は、恋愛・結婚の面でも相性が良さそうです。この好運気に結ばれると、幸せに満ちた理想的なカップルになれるでしょう。しかも、家庭を大事にする星人同士なので、今年中に結婚できれば、生涯にわたって円満な家庭生活を送れそうです。

土星人＋ 達成 → 火星人− 財成

成果を期待できるよきパートナー

お金に縁がある【財成】の火星人（−）は、一緒にビジネスをしていくうえで、願ってもないパートナーになるでしょう。

クリエイティブな分野で手を組めば、お互いの感性を刺激し合いながら、可能性を引き出していけそうです。大きなプロジェクトの成功など、喜ばしい成果を上げるのも夢ではないでしょう。

結婚を考えている人の場合、年内に入籍すれば経済的に恵まれた家庭を築けるでしょう。

恋人候補として紹介された相手なら、躊躇《ためら》わずに会ってみてください。あらゆる面であなたを支えてくれる人のはずです。

土星人
＋
達成
↓
天王星人＋
停止

相手に振り回されて意欲が低下しそう

今年の天王星人（＋）と一緒にいると、仕事で足を引っ張られたり、ミスの後始末をさせられたりと、振り回されることが増えそうです。積み重なるとストレスが溜まり、意欲も削がれるので、注意してください。

パートナーの場合、どんなに愛情を持って接しても、その想いが相手には通じそうにありません。それどころか、何かにつけてプレゼントを求められたり、お金のかかるレジャーに誘われたりするので、付き合っていると散財する恐れがあります。

結婚を考えている人も、お互いが好運気に入る2年後まで見送った方が賢明です。

土星人
＋
達成
↓
天王星人－
陰影

ペースを乱されて疲れ切ってしまう

〝大殺界〟に入った天王星人（－）とは、お金が絡んだ付き合いはしないようにしてください。たとえ金額は小さくても、信頼関係が簡単に損なわれる恐れがあります。

恋人ではない相手の場合、その場の感情に流されて、深い関係になるのはNG。土星人のあなたは、相手に尽くしがちなので、天王星人（－）のルーズさに惑わされるでしょう。いつの間にか相手のペースに飲み込まれて、心身ともに疲れてしまうかもしれません。

真剣に付き合う気持ちがないからと関係を断ったことで離れていくような相手なら、所《しょ》詮《せん》その程度の存在と割り切りましょう。

土星人＋達成→木星人＋種子

二人なら確実に目標を達成できる

今年の木星人（＋）は、あなたの意欲を高めてくれる存在です。どんなときも縁の下の力持ちとなって支えてくれるでしょう。あなたが暴走しそうになれば止めてくれるので、存分に実力を発揮できるに違いありません。

二人とも堅実に物事を進めていく性格なので、仕事上のパートナー、恋人、夫婦、親子など、どんな関係であっても、最終的には目標を達成できるはずです。

結婚したいと思っている相手なら、今年は絶好のタイミングです。将来にわたり、変わることのない愛情を育み、思いやりにあふれた温かい家庭を築けるでしょう。

土星人＋達成→木星人－減退

相手に腹が立っても愛情で包み込んで

〝大殺界〟にいる木星人（－）は、絶好調のあなたを見て、妬むことがあるかもしれません。機会があれば、あなたの足を引っ張ろうとするので、十分に注意してください。

相手が恋人の場合も、今年はしっくりいきません。何かと不満やグチをこぼす相手に、うんざりさせられそうです。

ただ、来年になれば、二人の運気は逆転します。そのことを忘れず、相手の言動に腹が立っても、平静を保つように。今年は、ストレスの溜まっている相手を、あなたが包み込んであげることです。それができれば、かけがえのないパートナーになれるでしょう。

土星人
＋
達成
↓
水星人＋　立花

二人で起業すれば成功を収めることも

今年の水星人（＋）は好運気に入っているため、あなたの望みを叶えてくれる頼もしい存在になりそうです。

水星人（＋）は、自分の力で切り拓く〝初代運〟の持ち主なので、パートナーとして組んで起業すれば、大成功して一攫千金《いっかくせんきん》も夢ではありません。驚くほどの成果を上げて、業界で注目を浴びるような最強のパートナーとなる可能性もあります。

恋人の場合は、初めて出会った頃のような新鮮な気持ちがよみがえる出来事がありそうです。関係性がより深まり、心身ともに幸せを感じるに違いありません。

土星人
＋
達成
↓
水星人ー　緑生

信頼できて良好な関係を築ける相手

どちらの星人も単独行動を好む傾向がありますが、今年はお互いに思いやりを持って接するようにしてください。それができれば、強固な信頼関係を築けるに違いありません。

仕事の面では、あなたが主導権をとって水星人（ー）を励ますことがポイントです。信念のある言動をしていれば相手にも思いが伝わり、貴重な支えとなってくれるはずです。

恋人の場合、あなたが相手の気持ちを察してあげるように。たとえ会えなくても、メッセージなどを送って頻繁にコミュニケーションを取るようにすれば、良好な関係を長く続けることができるでしょう。

土星人ー健弱 → 土星人＋ 達成

張り合わなければ助けてくれる

最高の運気にある今年の土星人（＋）に対して、あなたはコンプレックスを感じてしまうことも。張り合うとみじめな思いをします。

今年は、ライバル意識は捨てて、食事やカラオケなど、プライベートで付き合ってみてください。本音で接するうちに、あなたのことを理解してくれるようになります。また、【健弱】で体調不良になりやすいあなたを、助けてくれることもあるはずです。

恋人やパートナーなど、身近な存在の場合、好調な相手をよりいっそう妬んでしまいがちです。しかし、自己主張せずに笑顔でいれば、あなたの望みを叶えてくれるでしょう。

土星人ー健弱 → 土星人ー 健弱

波長が合わずイライラさせられる

二人とも〝小殺界〟に入った今年は、なかなか波長が合わなそうです。しかも、どちらも主張をはじめたら引かないので、時間と労力を消耗する場面が増えるでしょう。

仕事上の相手なら、一緒に案件に取り組むと、お互いにうんざりしそうです。あなたが部下の場合、うっかり逆らうとプロジェクトから外される恐れもあります。相手に非があると思っても、沈黙を守る方が賢明でしょう。

パートナーの場合は、一緒にいるだけでイライラさせられる可能性も。メッセージや電話のやりとりも誤解を生じやすいので、できるだけ控えた方がいいかもしれません。

土星人ー 健弱 → 金星人＋ 再会

不調なあなたを引き上げてくれる存在

今年の金星人（＋）は好運気で、仕事もプライベートも充実しています。〝小殺界〟にいるあなたは、活き活きしている相手と一緒にいるだけで気後れしてしまいそうです。

そのうえ、土星人（ー）のあなたは、いつも以上に頑固な面を抑えきれないため、相手のペースに合わせたり、妥協したりするのはストレスが溜まるかもしれません。

相手の好調さに嫉妬してしまうこともありそうですが、今年は、金星人（＋）に合わせるのが賢明でしょう。マイナスをゼロに引き上げてくれる存在なので、ひとまず受け入れるように努めてください。

土星人ー 健弱 → 金星人ー 乱気

トラブルをできるだけ抑える努力を

お互いに〝殺界〟の今年は、どのような関係であってもトラブルが起きやすそうです。

パートナーの場合、トラブルを最小限に抑えるために努力する一年になるでしょう。単なるケンカでは済まない恐れもあります。また、結婚を考えている場合は、年内に入籍すると、問題が続発することになりそうです。

親子の場合も同様で、子供の言動が理解できずに、衝突が増えるかもしれません。

どのような関係性の場合も、現状を打破しようと力まず、第三者に入ってもらうことも考えましょう。好運気の来年まで待つくらい、大らかな気持ちで構えていることです。

土星人 − 健弱 → 火星人＋ 安定

関係を長続きさせるには謙虚さが必要

運気の良いときなら、欠点を補い合って何事も建設的に進めていけるでしょう。しかし、今年は、あなたの運気が低迷しているため、嚙み合わないことが増えそうです。

職場や学校では、些細《ささい》なことが原因で誤解やすれ違いが生まれて、関係にほころびが出る可能性があります。

相手が恋人の場合も、ちょっとした意見の行き違いからケンカになり、それがきっかけで疎遠になる恐れがありそうです。

二人の関係を長続きさせるには、あなたが相手の気持ちをポジティブに受け止めて、謙虚になれるかどうかがカギになるでしょう。

土星人 − 健弱 → 火星人− 財成

相手の金銭感覚に注意して付き合いを

今年【財成】の火星人（−）は、経済的に恵まれているので、そばにいるだけでラッキーな思いをさせてもらえそうです。

ただ、火星人（−）は、何をするにも金額を気にしないので、つい散財しがちです。だからといって、あなたが細かく口を出すと、相手も意固地になってしまうでしょう。それでは二人の関係を悪くする可能性があります。

仕事上のパートナーや夫婦といった経済基盤が重要になる間柄では、特にお金の使い方に注意してください。

どんな関係でも、小さなことには目をつぶり、全体を見渡して接するのが賢明でしょう。

土星人（−）健弱 → 天王星人（＋）停止

悲惨な目に遭わされる恐れも

どちらも〝殺界〟ですが、天王星人（＋）は〝大殺界〟。しかも、真ん中の【停止】なので、巻き込まれるのは避けたいところ。

職場の上司や同僚の場合は、特に要注意です。根拠のないウワサを流されたり、失敗の責任を負わされたりと、思ってもみないようなひどい目に遭う可能性があります。

また、真剣な恋愛関係にない人に対して、軽はずみな行動に出てはいけません。少しでも気を許すと、相手に都合よく利用されて身を持ち崩しかねないので要注意です。

相手が誰であっても、今年はできるだけ関わりを持たない方が無難でしょう。

土星人（−）健弱 → 天王星人（−）陰影

相手を尊重して付き合うことが大切

今年は、お互いの努力と忍耐がなければ、良好な関係を長く続けられないでしょう。

特に、恋愛面は難しそうです。天王星人（−）は、浮気心がわきやすいタイプですが、あなたは、そんな相手の行動をチェックして、不審に思うと追及するタイプ。きつい言葉や冷たい態度で責めると、相手の気持ちは離れていくに違いありません。

仕事仲間や友人の場合でも、信頼関係を築くのは簡単ではないでしょう。些細《ささい》なことから決定的局面を招く恐れもあります。

どんなときでも、相手の気持ちや意見を尊重するように心がけることが大切です。

土星人
－
健弱
↓
木星人＋
種子

一緒に何かをはじめるのは来年に

どちらの星人も真面目で几帳面なところがあるので、大きなトラブルを招くことはなさそうです。しかし、あなたが主導してはじめたことは、〝小殺界〟の影響を受けて失敗に終わる可能性があります。

仕事の面でも、一緒に起業したり、プロジェクトを起ち上げたりするのは避けたいところです。軌道に乗せられたとしても、身心ともに消耗してしまうことが考えられます。

結婚を考えている人も、来年まで入籍は見合わせた方がいいでしょう。愛情は深められたとしても、あなたが健康上のトラブルを抱える恐れがあります。

土星人
－
健弱
↓
木星人－
減退

衝突が絶えずに破局する可能性あり

今年〝殺界〟にいる二人は、波長が合わずに衝突が絶えなそうです。

特に、結婚目前のカップルや仕事上のパートナーなど、親密な関係の場合、ぶつかる場面が増えるでしょう。どちらも謝るのは苦手なため、破局に至る可能性があります。

付き合って間もない二人の場合も、特別な愛情を感じられないまま関係だけは続くという状態に陥ってしまいそうです。

生真面目な二人だけに、そうした状況が長引けば、内心は穏やかではいられないでしょう。煮え切らない関係には、早めにピリオドを打つことも考えてみてください。

土星人ー健弱 → 水星人＋立花

振り回されて出費もかさみ疲労困憊に

今年の水星人（＋）とは、関わってもいいことはなさそうです。付き合うと出費もかさんでしまう恐れがあります。

相手が夫婦や恋人の場合、ワガママな言動に振り回されて、気苦労が絶えないでしょう。

仕事のパートナーの場合、お金の使い方について、いくら注意しても足りないくらいです。あなたが必死になって倹約しても、その傍らで湯水のようにお金を使うので、心身ともに疲れ果ててしまいかねません。

しかし、縁を切ろうとして動くと、あなただけが損をするので、適度に距離をおく程度にした方が賢明でしょう。

土星人ー健弱 → 水星人ー緑生

相手に合わせず自制した付き合いを

今年【緑生】の水星人（－）は、自分の目的を果たすためなら、他人の目を気にしないほどの意欲とパワーを持っています。小休止が必要な【健弱】のあなたからすると、魅力的な存在に見えるかもしれません。

刺激的な相手ですが、あまりにもエネルギッシュなので、友人や恋人、親子など、よく理解しているつもりの間柄であっても、相手のペースについていくのは難しいでしょう。

どうにか相手に合わせようとして頑張ると、無理が重なって、体に支障をきたす恐れがあります。来年は素晴らしい相性運に恵まれるので、年内は自制して付き合うように。

「十二支」が持つ基本性格

「十二支」は中国に古くから伝わる、人間鑑定のヒント。その根拠は、十二支が時間の象徴であり、自然界―宇宙とも通じていることにあります。さまざまな説がありますが、ここでは古くから伝わる、最も基本的な見立てを紹介しましょう。

子《ね》年生まれ

どんな環境にも順応する柔軟性が持ち味。人一倍知的好奇心が旺盛で、行動力抜群。反面、一ヵ所にじっとしているのは苦手で、少々強引なところも。

丑《うし》年生まれ

愛情豊かで人情に厚い。警戒心が強いため、受け身の姿勢が目立つ。派手さとは無縁。行動はスローだが、粘り強く、着実に人生を切り拓いていく。

寅《とら》年生まれ

楽天主義者で、興味を持ったことには積極的にトライ。ただ、環境の変化に弱く途中で挫折することも。人に無償で尽くすことに喜びを感じる。

卯《う》年生まれ

ほのぼのとした雰囲気で人をなごませ、周囲の信頼と尊敬を集める。心根の優しさは抜群。強引な言動に出ることはないが、決定力に欠けるところも。

辰《たつ》年生まれ

冒険やロマンに憧れる夢想家。小さなことにこだわらない。社会や組織の中でリーダーシップを発揮するものの、細かな気配りには欠ける面もある。

巳《み》年生まれ

困難に屈しない強い精神力、貪欲な向上心が特徴。慣習や伝統にとらわれない自由な発想の持ち主。気の長いところがあり、スピードに乗れない面も。

午《うま》年生まれ

誰とでもオープンに付き合える柔軟性の持ち主。リーダーシップを取らせると天下一品かも。負けず嫌いで、常に前を行かないとふてくされることが。

未《ひつじ》年生まれ

のんびり屋のように見えて、細かな気配りを忘れない。世の中の動きを先取りするセンスは抜群で、行動も早い。自己アピールが得意ではない。

申《さる》年生まれ

気が短く、何事も即断即決で進めようとする。柔軟な発想で周囲を引っ張っていく姿が印象的。ときおり見せる頑固さが周囲を戸惑わせることも。

酉《とり》年生まれ

保守的で、頑《かたく》なにルールを守ろうとする。常に堅実な考え方に立って現実と向き合う。組織のまとめ役に適任だが、お金にだらしない一面も。

戌《いぬ》年生まれ

明るく人なつっこい性格。セックスアピールも抜群。心を許した相手には最後まで忠誠を尽くそうとするところが。ただ、怒らせるといちばん面倒臭い。

亥《い》年生まれ

自分の信念にこだわる意志強固な人。そのわりに機転が利き、協調性も高い。周囲を引っ張っていく力は抜群。人にすり寄る言動が敬遠されることも。

土星人と各干支の相性

干支	＋	－
子	ヒントやアイデアをもらえる相手。	あなたに次々と禍《わざわい》をもたらす存在。
丑	魅力を引き出すのに不可欠な存在。	迷ったとき背中を押してくれそう。
寅	成功に導いてくれる心強い味方。	強い絆を結ぶには広い心が必要。
卯	一緒にいるとリズムを乱されそう。	正しい道を示してくれるパートナー。
辰	かけがえのないベストパートナー。	振り回されストレスが溜まる相手。
巳	欲望におぼれると破滅する恐れが。	互いに成長し合える理想の相手。
午	ゆるぎない信頼関係を築ける相手。	自分らしさも冷静な判断も失いそう。
未	ビジネスパートナーとして最適。	苦しいときに頼りになる救世主。
申	そばにいると安心する癒やしの存在。	最強のパートナーとなる可能性も。
酉	本音をもらすと思わぬトラブルに。	共通の趣味が関係を深めるカギに。
戌	付き合うにはあなたのリスクが大。	知らぬ間に苦境に立たされる相手。
亥	話をするときは警戒心を忘れずに。	衝突すると心のダメージが大きい。

地運早見表

水星人		木星人		天王星人		火星人		金星人		土星人		自分の運命星／相手の干支
−	+	−	+	−	+	−	+	−	+	−	+	
×	×	○	○	▲	◎	△	◎	○	○	×	◎	子
×	×	○	×	◎	○	◎	▲	○	△	◎	○	丑
×	◎	×	×	○	○	▲	◎	△	◎	○	○	寅
◎	○	×	×	○	×	◎	○	◎	▲	○	△	卯
○	○	×	◎	×	×	○	○	▲	◎	△	◎	辰
○	△	◎	○	×	×	○	×	◎	○	◎	▲	巳
△	◎	○	○	×	◎	×	×	○	○	▲	◎	午
◎	▲	○	△	◎	○	×	×	○	×	◎	○	未
▲	◎	△	◎	○	○	×	◎	×	×	○	○	申
◎	○	◎	▲	○	△	◎	○	×	×	○	×	酉
○	○	▲	◎	△	◎	○	○	×	◎	×	×	戌
○	×	◎	○	◎	▲	○	△	◎	○	×	×	亥

表の見方

◎……理想的な組み合わせ
○……ほぼ安心していい組み合わせ
△……良い関係を保つには条件のつく組み合わせ
▲……波瀾のある組み合わせ
×……関わり合わない方がいい組み合わせ

土星人のあなたの「人運」早見表

△ 土星人×天王星人	△ 土星人×土星人
許せること・許せないことのベースが正反対。それがプラスに作用することもあるが、どちらかが〝大殺界〟に入ると、取り返しのつかない大ゲンカに発展することも。相手に干渉しすぎないようにしましょう。	どちらも理想主義者なので、頑固さゆえに衝突することも。お互いの長所や短所を理解し合えるとうまくいきます。できるだけ自分の主張を抑えるのが賢明な付き合い方といえるでしょう。
△ 土星人×木星人	◎ 土星人×金星人
お互いが相手に対して、自分の欠点を見ているかのような感じになる可能性も。プライドの高さが出ると、相手を許すことができなくなってしまいそう。相手を敬い思いやることを忘れないようにしましょう。	土星人が理想を追い求めると、それを金星人が実現していくという形で、成功をおさめることができます。お互いの長所を認め合えるので、仕事でも結婚でも、これ以上ない理想の組み合わせでしょう。
△ 土星人×水星人	× 土星人×火星人
あなたが主導権を握ると水星人をコントロールすることができます。ただし、自分の主張が強すぎると、うまくいくはずの関係も破綻してしまいます。距離を取りつつ、様子を見ながら近づくことがポイントです。	お互いのプライドがぶつかり合い、消耗し合うことも。ただ、火星人の豊かな感性、土星人の確固たる信念を補い合えれば建設的な関係を築くことも可能。まずは軽い気持ちで付き合いましょう。

表の見方
◎……理想的な組み合わせ
○……ほぼ安心していい組み合わせ
△……良い関係を保つには条件のつく組み合わせ
▲……波瀾のある組み合わせ
×……関わり合わない方がいい組み合わせ

大切な人と相性が悪いときの対処法

家族、恋人、仕事仲間など社会生活の中でさまざまな人と触れ合う際に、「相性」による問題が生じる場合があります。P101～P120のように『六星占術』を使い星人や運気、そして干支《えと》から割り出した相性をお伝えすると、大切な人と相性が悪かった際に不安を感じる方が少なくないようです。代表的な2つの例を挙げながら、相性が悪い場合の対処法を解説したいと思います。

◆ケース1．結婚を考えている人と相性が悪い場合

結婚を考える際に『六星占術』を使い、お互いの運気を割り出して良い時期を決める方が多いのですが、その際、二人の相性が悪い場合に「相性が悪いので結婚は考え直した方がいいでしょうか？」という相談を受けることがあります。

ハッキリとお伝えしますが、P119の「地運《ちうん》」やP120の「人運《じんうん》」が悪い場合、相性は良くありません。だからこそ「×」とわかりやすく表記してあるのです。

ですが、相性が悪いからといって結婚そのものを諦《あきら》めてしまうのは考えものです。確かに相性の良い者同士の方が、スムーズな道を歩めることは違いありません。しかし相性が悪いからといって悪い結果に蓋をするのではなく、しっかりと向き合って解決法を考えていきましょう。

まずは、**「お互いに相性が良くない」ということを認識する**ことからはじめてみましょう。相性が良くないということは、思考や性質が大きく異なり、お互いを理解しにくい傾向があります。何かを伝える際は「自分の気持ちは伝わりづらい」ということを頭において相手が理解しやすいような説明ができれば、大きな誤解や衝突を避けることができるでしょう。

次に**結婚をする時期は、お互いの運気が良いときを選ぶ**ようにしましょう。なぜなら、運気が低迷しているときは気が乱れ、判断を誤ってしまうことが多々あるからです。

結婚はお互いの運気の良いときにするのがベストですが、やむをえない場合は、男性の運気が良いときを選ぶようにしましょう。

これらのことを意識するだけでも、ずいぶんと相性の悪さをカバーできるでしょう。

◆ケース2．子供や結婚相手と相性が悪い場合

結婚前の自由な恋愛と違い夫婦や自分の子供となると、たとえ相性が悪くても無責任に逃げることができません。だからこそ『六星占術』で相手の特性をしっかり理解して接する必要があります。

まずは**家族との相性を把握することからはじめてみましょう。**「上の子は素直に聞いてくれるのに、下の子は反発する」「父親が注意すると素直に聞くが、母親の言うことには従わない」。日頃からこのような相談を受けることがありますが、これはお互いの相性の悪さが原因の可能性が大いに考えられます。

そして、**相手の星人の特性をしっかりと理解してください。**例えば、あなたのお子さんが火星人だとしましょう。火星人はプライドが高く、寂しがり屋で束縛を嫌う傾向があります。そんな火星人のお子さんを頭ごなしに叱っても、到底聞き入れてはもらえません。「〇〇してくれると助かる」というように、優しく伝えることを心がけると聞き入れてくれることも増えるでしょう。そして本人がやりたいことを尊重し、頼ったり寄り添ったりしながら見守ってあげることができれば、子供の生まれ持った才能を最大限に伸ばしてあげることができるのです。

家族間だけでなく、会社の上司、起業仲間など、社会生活を営むうえで避けては通れない人間関係が存在します。「相性が悪い」と諦《あきら》めるのではなく、お互いの性質を理解して、歩み寄る努力をすること。これこそが『六星占術』の上手な活用法です。

人は多くの人と関わりを持つことで豊かな心を育むことができます。相手に自分の意見ややり方を押しつけるのではなく、まずは素直になり自分から変わってみること。これこそが人間関係を円滑にする極意なのです。

◆相性が悪い場合の対処のポイント

- 相性が悪いことを素直に受け入れる
- 結婚はお互いの運気が良いときに
- 自分と相手の性質を理解する
- 相手の性質に合わせた方法でアプローチ
- 相手に変わることを求めず、まずは自分から変わる

土星人の運命カレンダー

2023年10月〜2024年12月

2023年 土星人(−)年運 立花

12月 減退	11月 停止	10月 陰影	月/日 月運
達成	停止	健弱	1
乱気	減退	達成	2
再会	種子	乱気	3
財成	緑生	再会	4
安定	立花	財成	5
陰影	健弱	安定	6
停止	達成	陰影	7
減退	乱気	停止	8
種子	再会	減退	9
緑生	財成	種子	10
立花	安定	緑生	11
健弱	陰影	立花	12
達成	停止	健弱	13
乱気	減退	達成	14
再会	種子	乱気	15
財成	緑生	再会	16
安定	立花	財成	17
陰影	健弱	安定	18
停止	達成	陰影	19
減退	乱気	停止	20
種子	再会	減退	21
緑生	財成	種子	22
立花	安定	緑生	23
健弱	陰影	立花	24
達成	停止	健弱	25
乱気	減退	達成	26
再会	種子	乱気	27
財成	緑生	再会	28
安定	立花	財成	29
陰影	健弱	安定	30
停止		陰影	31

2023年 土星人(＋)年運 健弱

12月 種子	11月 減退	10月 停止	月/日 月運
乱気	減退	達成	1
再会	種子	乱気	2
財成	緑生	再会	3
安定	立花	財成	4
陰影	健弱	安定	5
停止	達成	陰影	6
減退	乱気	停止	7
種子	再会	減退	8
緑生	財成	種子	9
立花	安定	緑生	10
健弱	陰影	立花	11
達成	停止	健弱	12
乱気	減退	達成	13
再会	種子	乱気	14
財成	緑生	再会	15
安定	立花	財成	16
陰影	健弱	安定	17
停止	達成	陰影	18
減退	乱気	停止	19
種子	再会	減退	20
緑生	財成	種子	21
立花	安定	緑生	22
健弱	陰影	立花	23
達成	停止	健弱	24
乱気	減退	達成	25
再会	種子	乱気	26
財成	緑生	再会	27
安定	立花	財成	28
陰影	健弱	安定	29
停止	達成	陰影	30
減退		停止	31

●運命カレンダーの見方

土星人(＋)と(−)の毎日の運気がわかります。■で示した部分は〝大殺界〟で、特に注意が必要です。なお、注意したい〝アンラッキーデー〟と、スムーズにいきやすい〝ラッキーデー〟、より幸運な〝超ラッキーデー〟については、第４章の「月別運気」を参照してください。

2024(令和6)年 土星人(+) 年運 達成

12月 種子	11月 減退	10月 停止	9月 陰影	8月 安定	7月 財成	6月 再会	5月 乱気	4月 達成	3月 健弱	2月 立花	1月 緑生	月/日 月運
減退	乱気	停止	達成	陰影	立花	安定	緑生	財成	種子	財成	種子	1
種子	再会	減退	乱気	停止	健弱	陰影	立花	安定	緑生	安定	緑生	2
緑生	財成	種子	再会	減退	達成	停止	健弱	陰影	立花	陰影	立花	3
立花	安定	緑生	財成	種子	乱気	減退	達成	停止	健弱	停止	健弱	4
健弱	陰影	立花	安定	緑生	再会	種子	乱気	減退	達成	減退	達成	5
達成	停止	健弱	陰影	立花	財成	緑生	再会	種子	乱気	種子	乱気	6
乱気	減退	達成	停止	健弱	安定	立花	財成	緑生	再会	緑生	再会	7
再会	種子	乱気	減退	達成	陰影	健弱	安定	立花	財成	立花	財成	8
財成	緑生	再会	種子	乱気	停止	達成	陰影	健弱	安定	健弱	安定	9
安定	立花	財成	緑生	再会	減退	乱気	停止	達成	陰影	達成	陰影	10
陰影	健弱	安定	立花	財成	種子	再会	減退	乱気	停止	乱気	停止	11
停止	達成	陰影	健弱	安定	緑生	財成	種子	再会	減退	再会	減退	12
減退	乱気	停止	達成	陰影	立花	安定	緑生	財成	種子	財成	種子	13
種子	再会	減退	乱気	停止	健弱	陰影	立花	安定	緑生	安定	緑生	14
緑生	財成	種子	再会	減退	達成	停止	健弱	陰影	立花	陰影	立花	15
立花	安定	緑生	財成	種子	乱気	減退	達成	停止	健弱	停止	健弱	16
健弱	陰影	立花	安定	緑生	再会	種子	乱気	減退	達成	減退	達成	17
達成	停止	健弱	陰影	立花	財成	緑生	再会	種子	乱気	種子	乱気	18
乱気	減退	達成	停止	健弱	安定	立花	財成	緑生	再会	緑生	再会	19
再会	種子	乱気	減退	達成	陰影	健弱	安定	立花	財成	立花	財成	20
財成	緑生	再会	種子	乱気	停止	達成	陰影	健弱	安定	健弱	安定	21
安定	立花	財成	緑生	再会	減退	乱気	停止	達成	陰影	達成	陰影	22
陰影	健弱	安定	立花	財成	種子	再会	減退	乱気	停止	乱気	停止	23
停止	達成	陰影	健弱	安定	緑生	財成	種子	再会	減退	再会	減退	24
減退	乱気	停止	達成	陰影	立花	安定	緑生	財成	種子	財成	種子	25
種子	再会	減退	乱気	停止	健弱	陰影	立花	安定	緑生	安定	緑生	26
緑生	財成	種子	再会	減退	達成	停止	健弱	陰影	立花	陰影	立花	27
立花	安定	緑生	財成	種子	乱気	減退	達成	停止	健弱	停止	健弱	28
健弱	陰影	立花	安定	緑生	再会	種子	乱気	減退	達成	減退	達成	29
達成	停止	健弱	陰影	立花	財成	緑生	再会	種子	乱気		乱気	30
乱気		達成		健弱	安定		財成		再会		再会	31

2024(令和6)年　土星人(－)年運　健弱

12月 減退	11月 停止	10月 陰影	9月 安定	8月 財成	7月 再会	6月 乱気	5月 達成	4月 健弱	3月 立花	2月 緑生	1月 種子	月/日 月運
停止	達成	陰影	健弱	安定	緑生	財成	種子	再会	減退	再会	減退	1
減退	乱気	停止	達成	陰影	立花	安定	緑生	財成	種子	財成	種子	2
種子	再会	減退	乱気	停止	健弱	陰影	立花	安定	緑生	安定	緑生	3
緑生	財成	種子	再会	減退	達成	停止	健弱	陰影	立花	陰影	立花	4
立花	安定	緑生	財成	種子	乱気	減退	達成	停止	健弱	停止	健弱	5
健弱	陰影	立花	安定	緑生	再会	種子	乱気	減退	達成	減退	達成	6
達成	停止	健弱	陰影	立花	財成	緑生	再会	種子	乱気	種子	乱気	7
乱気	減退	達成	停止	健弱	安定	立花	財成	緑生	再会	緑生	再会	8
再会	種子	乱気	減退	達成	陰影	健弱	安定	立花	財成	立花	財成	9
財成	緑生	再会	種子	乱気	停止	達成	陰影	健弱	安定	健弱	安定	10
安定	立花	財成	緑生	再会	減退	乱気	停止	達成	陰影	達成	陰影	11
陰影	健弱	安定	立花	財成	種子	再会	減退	乱気	停止	乱気	停止	12
停止	達成	陰影	健弱	安定	緑生	財成	種子	再会	減退	再会	減退	13
減退	乱気	停止	達成	陰影	立花	安定	緑生	財成	種子	財成	種子	14
種子	再会	減退	乱気	停止	健弱	陰影	立花	安定	緑生	安定	緑生	15
緑生	財成	種子	再会	減退	達成	停止	健弱	陰影	立花	陰影	立花	16
立花	安定	緑生	財成	種子	乱気	減退	達成	停止	健弱	停止	健弱	17
健弱	陰影	立花	安定	緑生	再会	種子	乱気	減退	達成	減退	達成	18
達成	停止	健弱	陰影	立花	財成	緑生	再会	種子	乱気	種子	乱気	19
乱気	減退	達成	停止	健弱	安定	立花	財成	緑生	再会	緑生	再会	20
再会	種子	乱気	減退	達成	陰影	健弱	安定	立花	財成	立花	財成	21
財成	緑生	再会	種子	乱気	停止	達成	陰影	健弱	安定	健弱	安定	22
安定	立花	財成	緑生	再会	減退	乱気	停止	達成	陰影	達成	陰影	23
陰影	健弱	安定	立花	財成	種子	再会	減退	乱気	停止	乱気	停止	24
停止	達成	陰影	健弱	安定	緑生	財成	種子	再会	減退	再会	減退	25
減退	乱気	停止	達成	陰影	立花	安定	緑生	財成	種子	財成	種子	26
種子	再会	減退	乱気	停止	健弱	陰影	立花	安定	緑生	安定	緑生	27
緑生	財成	種子	再会	減退	達成	停止	健弱	陰影	立花	陰影	立花	28
立花	安定	緑生	財成	種子	乱気	減退	達成	停止	健弱	停止	健弱	29
健弱	陰影	立花	安定	緑生	再会	種子	乱気	減退	達成		達成	30
達成		健弱		立花	財成		再会		乱気		乱気	31

細木かおり（ほそきかおり）

1978年12月11日生まれ●一男二女の母であり、二人の孫を持つ。細木数子のマネージャー兼アシスタントを経て、六星占術の継承者に。母・数子の意志を継承し、さまざまな世代に六星占術をどのように活かせるかを伝えている。著書に『六星占術によるあなたの運命』『母・細木数子から受け継いだ幸福論　あなたが幸せになれない理由』『驚くほど人間関係が好転する!六星占術』『六星占術12運の周期リズムにのって超開運あなたの未来を示す羅針盤』、ほかに母・数子との共著で『六星占術による　あなたの宿命』がある。個人鑑定のお申し込み方法などは公式ホームページofficehosoki.comに掲載。各種お知らせは公式LINEアカウント「六星占術公式@hosokikaori」にて、日々の活動はインスタグラム「kaori_hosoki_official」にて、六星占術の活用方法などはYouTube「細木かおりチャンネル」にて配信。

構成・文　西村真紀
カバーデザイン　細山田デザイン事務所
写真　村山元一（細木かおり）
富田眞光（細木数子）
ヘアメイク　小池茜（MINX）

六星占術《ろくせいせんじゅつ》による 土星人《どせいじん》の運命《うんめい》〈2024（令和《れいわ》6）年版《ねんばん》〉

2023年8月18日　第1刷発行

著者　細木《ほそき》かおり
発行者　鈴木章一
発行所　株式会社　講談社
〒112-8001　東京都文京区音羽2-12-21
編集　03-5395-3447
販売　03-5395-3606
業務　03-5395-3615

KODANSHA

印刷所　凸版印刷株式会社
製本所　株式会社国宝社

ISBN978-4-06-531011-3